卡耐基
社交的智慧

王志强◎编著

中国纺织出版社有限公司

内 容 提 要

人是社会的人，人活于世，难免要与人打交道，于是，就有了社交。但并不是每个人都善于社交，也不是每个人都拥有好的人际关系，戴尔·卡耐基先生的处世技巧是我们每个人都应该学习的人生必修课。

本书从"社交"一问题出发，汇集了卡耐基社交艺术的精华，涉及人际关系的方方面面，教给人们一些处世的基本原则和生存之道。本书简明实用，通俗易懂，帮助读者调整自我、建立自信、突破社交困境，高效地与人打交道，构建融洽的人际关系。

图书在版编目（CIP）数据

卡耐基社交的智慧 / 王志强编著. --北京：中国纺织出版社有限公司，2022.1
ISBN 978-7-5180-8458-6

Ⅰ.①卡… Ⅱ.①王… Ⅲ.①心理交往—通俗读物 Ⅳ.①C912.11-49

中国版本图书馆CIP数据核字（2021）第054403号

责任编辑：张 羽　　责任校对：高 涵　　责任印制：储志伟

中国纺织出版社有限公司出版发行
地址：北京市朝阳区百子湾东里A407号楼　邮政编码：100124
销售电话：010—67004422　传真：010—87155801
http://www.c-textilep.com
中国纺织出版社天猫旗舰店
官方微博http://weibo.com/2119887771
三河市延风印装有限公司印刷　各地新华书店经销
2022年1月第1版第1次印刷
开本：880×1230　1/32　印张：6
字数：104千字　定价：49.80元

凡购本书，如有缺页、倒页、脱页，由本社图书营销中心调换

前 言

我们都知道，人类社会的发展都是围绕各种活动进行的，然而一切社会活动的基础就是人与人之间的接触和交往。每个人都会与人打交道，这并不是一件难事，但是能够很好地处理自己的人际关系却不是每个人都能做到的，如同做任何事情一样，会做和做得好往往有天壤之别。

的确，成功的事业离不开社交，美满的生活同样离不开社交。要想在社交中游刃有余，如鱼得水，做到人见人爱，除了提高自身素质外，还必须掌握一些社交技巧。

实际上，无论你是律师、建筑工程师，还是家庭主妇，与人交往的能力都不可或缺。

卡耐基基金会做了一项社会调查发现，即使是那些专业技术很强的领域内，真正被充分运用的专业知识也只占15%，而剩下的85%则取决于他们处理人际关系的技巧。换句话说，一个技术人员的成功，更多与他的人格魅力和领导力密切相关，而非专业知识。

另外，在卡耐基课程为商务人士进行演说培训的过程中也发现，那些报酬高的人并不是专业能力最强的人，而是那些具备超强的领导能力与应变能力的人。

生活中，那些在社交场上如鱼得水的人，总是能八面玲珑，他们似乎总是知道对方需要什么，想听什么，他们为人低调、谦虚谨慎，深谙语言的艺术和为人处世的分寸，无论是在职场、家庭还是朋友圈子里，他们都是人生的大赢家。

现实生活里，相信很多人都曾尝试寻找一个快速提高自己社交能力的法宝。但寻找的过程是艰难的，这里，我们推荐一本枕边书——《卡耐基社交的智慧》。

从20个世纪开始，戴尔·卡耐基先生就致力于讲授他的成人训练课程，开创了美国的成人教育运动，他提出的处世技巧一直被年轻人们津津乐道和学习。

我们推荐的这本《卡耐基社交的智慧》正是要教你一些成功社交的小窍门。本书选编、汇集了卡耐基有关社交艺术的精华，教给人们一些处世的基本原则和生存之道，从这本书中，我们首先可以看到社交的重要性，我们一定要花点心思构建和谐的人际关系。

然后，要与人顺利交往，除了要从自己的心态、形象和口才上下功夫外，还要做到知己知彼，才能对症下药，百战不殆。书中还有很多典型事例和故事，深入浅出，通俗易懂，能帮助我们更快掌握一些社交常识。

总之，无论在日常生活中还是在职场、商场上，我们每个人都应该学会轻松驾驭人际关系的方法，懂得一些卡耐基社交艺术，更能使你在工作和日常交际中与他人更好交流和相处，构建融洽的关系。

编著者
2020年11月

目 录

第一章 与人相处，要把握这些基本原则 ‖ 001

不要批评，责怪或抱怨 ‖ 002
为他人着想，能影响他人的想法 ‖ 010
想赢得人心，就要以友善的方式开始 ‖ 020
永远不要直接说"你错了" ‖ 024
把握第一印象，在见面的一瞬间就赢得对方的好感 ‖ 028
最为关键的是保住对方的面子 ‖ 031

第二章 传递善意，让微笑成为你的名片 ‖ 035

不吝惜自己的微笑，亲和地对待他人 ‖ 036
自尊是每个人必须学会的第一个原则 ‖ 039
幽默是一种人生态度 ‖ 041
站在对方的角度说话，你会被接纳和喜欢 ‖ 044
学会真诚地赞赏他人 ‖ 047
舍得把利益让给他人 ‖ 051

第三章 友好交往，在人脉圈中传递正能量 ‖ 055

无谓的坚持，只会削弱自己的正能量 ‖ 056

跳出框框，不再钻牛角尖 ‖059
学会释怀，不要追逐不属于自己的生活 ‖063
懂得适时回旋的人才能创造积极的正能量 ‖066
过分执着，只能陷入死胡同 ‖070
要想获得成功，必须懂得适时改变 ‖073

第四章　心向阳光，让你的社交之路轻松畅通 ‖077

消除压力，将负能量从心中释放出去 ‖078
用轻松、淡然的心态，将负能量释放出去 ‖081
嫉妒是无能的表现 ‖085
正视自己的嫉妒心，从而有效地释放负能量 ‖088
放下心中的抱怨，长存一颗感恩的心 ‖091
打开心门，接纳和欣赏自己 ‖094

第五章　眼光长远，用积极思维处理问题 ‖099

当我们无法前进的时候，退一步也是一种智慧 ‖100
每一次成功的选择都要伴随着智慧 ‖103
真正敏锐的眼光，是看在潮流之先 ‖106
换个角度看问题，事情远没有想象中那么糟糕 ‖110
调动大脑思维，就拥有点石成金的力量 ‖113
善于变通，找到你成功的机会 ‖116

第六章 人际交往，你来我往中赢得人心 ‖121

当你笑时，整个世界都在笑 ‖122

关注对方，让对方有被尊重的感觉 ‖126

用热忱传递你的正能量 ‖129

话不在多，精练才行 ‖132

激发出一个人高尚的动机，才能改变他的意志 ‖135

承认自己或许错了，就可以避免不必要的争论 ‖138

第七章 职场交际，深谙这些智慧让你游刃有余 ‖145

你需要去挣钱，但不能被钱所羁绊 ‖146

要拒绝懒惰，拥抱正能量 ‖149

仅仅有努力还不够，必须全力以赴才行 ‖152

流泪撒种的，必欢呼收割 ‖156

要想获得成功，就必须从一件件小事做起 ‖159

养成做事严谨、珍惜时间的习惯 ‖162

第八章 婚恋艺术，与爱人相处需要掌握这些智慧 ‖167

爱情里，只有合适的才是自己所需要的 ‖168

能将爱情毁灭殆尽的，就是喋喋不休 ‖171

与爱人交往，永远不要试图改造他 ‖176

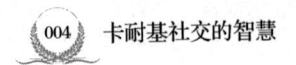

向你的爱人表达你的欣赏　‖178

婚姻中的分歧大多来自小事　‖181

参考文献　‖184

第一章

与人相处,要把握这些基本原则

不要批评，责怪或抱怨

任何时候，批评都是无济于事的，它只会让当事人披上防护的外衣，让他竭尽全力为自己开脱，它会伤及一个人的自尊，并让他产生反抗之心。

任何一个批评别人的人都是愚蠢的，同时，他们还会斥责和抱怨别人。如果你希望自己成为一个宽恕别人的人，就需要做到两点：忍让、克己。

1931年的5月7日，在美国的纽约市，发生了一件市民们从未看到过的、壮观的围捕事件——凶手名叫克罗雷，他是个滴酒不沾的人，被称为"双枪杀手"，这天，正当他在大街西头情人的公寓里休息的时候，被警察逮了个正着。

一百五十名美国警察和藏在公寓顶层的克罗雷展开了激烈的枪战。首先，这些警察在屋顶砸了个大洞，然后朝房间内释放了催泪毒气，试图把这个十恶不赦的罪犯熏出来。然后，警方在周边的建筑物上架起了机枪。接下来的一个多小时，这个原本很安静的居民区就"热闹"起来了到处是枪声，罪犯克罗雷藏在一张堆满杂物的椅子后面，他手持短枪，不断地朝警察射击。一时间，上万的居民走上街头看热闹，虽然危险，但也惊险刺激，在附近久居的人都知道，这样的场面从未有过。

当克罗雷被捕后，纽约市警察局局长马洛里指出："克罗雷是纽约警局建档以来最危险的一个罪犯，对于他来说，杀人就像切根葱一样，毫无疑问，他该被判处死刑。"

然而，双枪杀手克罗雷是怎样看待自己的行为的呢？就在克罗雷被捕那天，警察在他情人的公寓里发现了克罗雷写的一封公开信，可能在写信的时候伤口正好流血了，所以信件上沾有他的血渍。克罗雷的信中有这样的内容："在我的身体里面，住着的是一颗早已疲惫的心，这颗心是仁慈的，是不愿意伤害任何人的。"

但就在克罗雷被捕前的一天，他和自己的女友驾车在长岛的一条乡村公路上寻欢，刚好那时走过来一个执勤的交通警察，对在路边停车的克罗雷说："请出示您的驾驶执照。"

克罗雷什么都没说，就掏出手枪对这名交通警察射击，导致警察倒地而死。接着，克罗雷从他的汽车里跳了出来，捡起挂在交通警察腰间的手枪，对着已经死亡的警察再次开了数枪。

难道这就是克罗雷所说的"在我的身体里面，住着的是一颗早已疲惫的心，这颗心是仁慈的，是不愿意伤害任何人的"吗？

克罗雷最终被判处坐电椅，当他被警察带进来时，他所说的并不是"这是我杀人不眨眼的下场"，而是"我这样做只不过是自卫而已"。

所以，我们从整件事中能得出一个结论：罪犯克罗雷对自己所犯下的罪行毫无悔过之意。

美国鼎鼎有名的黑社会头目卡庞曾说过一句话："我把我的一生奉献给了人们,为的是他们能获得幸福安宁的日子,但最终,我所得到的只不过是谩骂和侮辱以及不得不亡命天涯而已。"他曾是美国人民的头号公敌,无恶不作,后来在芝加哥被枪决。可是,自始至终,他都认为自己没做错,反而认为自己是个有益于公众的人,只是被大众误解了而已。

在纽约,曾有"纽约之鼠"这一恶名的舒尔茨,在接受记者采访时却说,自己是个对群众有贡献的人。然而,其实,他是个人人喊打的罪犯。

卡耐基有个朋友叫刘易士·路易斯,他曾是美国关押重刑犯的辛辛监狱的监狱长,他们之间曾就这个问题进行过讨论。他说,在他管理的辛辛监狱,很少有人认为自己是坏人,他们和我们所有人一样,总喜欢对自己的行为进行辩解,他们会告诉你自己为什么要撬开别人的保险箱,为什么要开枪杀人,甚至他们还能对自己的反社会行为给出合理的理由,因此,他们得出的结论是,自己不应该被关进监狱。

如果卡庞、"双枪杀手"克罗雷、舒尔茨,以及被关押在牢房中的那些犯罪分子,他们根本不会意识到自己做错了,我们又该如何要求日常生活中的人呢?

已经去世的华纳梅格,曾经说过这样一句话:"早在三十年前,我就已经明白了一件事,责备别人是愚蠢的,即便我对于上帝没有公平地分配人的智力一事并不抱怨,可是对于克制自己的缺陷,我已感到非常吃力了。"在这个问题上,华纳梅格早就明白了,然而,如此简单的一个问题,卡耐基却三十年都没理解透彻……对于任何人来说,即便一百次中他已经错了九十九次,他也不会因此而批评自己。

在著名的德国军队里,一旦一个士兵被认为做错了事,他是不能立即提出申诉和辩解的,他能做的只是带着这股子怨气睡觉,直到这股怨气消失。如果他立即辩解,就会受到惩罚。

在日常生活中,我们似乎总能找到这样一些人——唠叨个没完没了的父母、喋喋不休的妻子、斥责怒骂的老板,以及那些吹毛求疵、让人反感的人。

翻开史册,你就能发现,"批评"毫无效果的例子实在太多了。罗斯福和塔夫特总统曾有过一次激烈的争论——正是因为这次争论,分裂了共和党,给威尔逊进入白宫提供了机会,进而有了其在"二战"中的英勇表现,使其永载史册。

事情的经过是这样的:

1908年,罗斯福辞去了总统职位,然后离开了白宫,在离开前,他极力推举塔夫特做总统,然后他自己去了美丽的非洲大草原狩猎狮子。而当他再回到美国本土的时候,一切已发生了变化。他发现塔夫特是个十分守旧的人,于是在和塔夫特竞争党内候选人面临失败时,他另起炉灶,成立了进步党。这样做,差一点儿就毁掉了美国历史上著名的共和党。在此后的一次选举中,塔夫特和共和党,只赢得了两个州——"佛蒙特州"和"犹他州",这是共和党历史上最大的一次失败。

接下来,罗斯福责备了塔夫特,然而,塔夫特自己呢?他有没有责怪自己?当然没有。当时,塔夫特两眼满含泪水说:"我不知道怎样做才能和我所已经做的不同。"

那么,这件事中,谁错了?我们并不需要追究这一点,不过我要说的是,事件中罗斯福对塔夫特的批评,并没有让塔夫特认识到自己的错误,反而让塔夫特竭尽全力为自己辩护。

不知道你是否还记得蒂波特山油田丑闻?这件事让美国的公众愤怒了好几年,几乎震荡了整个美国,在美国公民的记忆里,从未发生过这样的情形。

接下来我们看看煤油舞弊案的整个过程吧:

艾伯特·福尔,是哈定总统任命的内政部长,当时总统委派他管理政府在爱尔克山和蒂波特山油田出租的事。那两块油田是政府预留出来的给未来海军用油的基地。

接下来,福尔并没有通过公开招标来给竞争者们机会,而是把这份丰厚的合约直接给了他的朋友——图海尼。图海尼又是怎么做的呢?他把他称为"债款"的十万美金送给了这位福尔部长。

之后,福尔利用职务之便,给美国海军下达了命令,让他们进驻那片地区,把那些竞争者赶走,因为在基地附近的油井,无形中吮吸着爱尔克山的财富。然而,被赶走的那些竞争者怎么会甘心被欺负?他们联合起来,走进了法庭,揭发了这桩丑闻。

这件事影响太大了，甚至影响了当时整个政府的运作，全国舆论一片哗然；共和党几乎垮台，福尔也被判入狱。

福尔被大众斥责，在美国政务史上，很少有人被这样谴责过，然而，福尔后悔自己曾这样做吗？当然没有！

几年后的一天，在胡佛的一次演讲中，他暗示哈定总统的死因是神经的刺激和心里的忧虑，因为他被一个朋友出卖了，当时在座的就有福尔的妻子，听到胡佛这样说，她激动得差点儿从椅子上跳起来，她失声痛哭，双手攥紧了拳头，然后很大声地说："你在说什么……哈定是被福尔出卖的？不，我丈夫从没有做过任何辜负别人的事，即便给他一个房间的黄金，他也能坚定信念、不去做坏事，他之所以走向刑场，被迫入狱，是因为被别人出卖了。"

到这里，我们便可以明白了，做错事不反省、反而责备别人，我们甚至可以说这是人类的天性。所以，日后当你因为别人做错事而想批评对方的时候，就请想想前面我们论述过的卡庞、克罗雷和福尔这些人吧。

我们可以做这样一个比喻：批评就像我们饲养的鸽子，每当傍晚的时候，它们总会自己飞回家。我们要明白的是，我们想批评或谴责的人，他也会为自己辩护，然后反过来把责任推给我们，就像温和、守旧的塔夫特面对罗斯福总统的批评一样："我不知怎么做，才能和我所已经做的不同。"

你是否想让身边的人做出调整和改变，进而使其进步呢？答案是肯定的，这是最好不过的。然而，为什么你不从自己先开始呢？从人性自私论的角度来考虑，从自己开始要比改进别人获益更多。

鲍宁这样说："当一个人的争论、激辩起于自己时，他在若干方面已不是寻常的了。"

在卡耐基年轻的时候，他希望自己能出名，他曾写过一封信给美国文坛上一位极负声誉的作家——戴维斯，那时，他打算给一家杂志社写一些有关当时文坛作家的文章，想请教戴维斯关于写作的方法。

几个星期后，卡耐基收到了戴维斯的回信，在信上附加有这样一句话："信乃口述，未经重读。"这两句简短的话吸引了卡耐基的注意力，这表明写这句话的人事务繁忙，而他却有很多闲暇时间，然而，当时他特别希望能引起大作家戴维斯的注意，于是，他又给他写了一封简短的回信，并且也在后面附上了简短的一句话："信乃口述，未经重读。"

卡耐基想，戴维斯大概是不屑再给他写信了，他只是把那封信退了回来，并在后面十分潦草地写了几个字："你态度之不恭无以复加。"

确实是卡耐基错了。也许他该得到这样的批评，但可能人的本性就是如此，他的一句简短的话，让卡耐基对他产生了深深的怨恨，甚至在十年以后，当卡耐基得知他去世的消息时，这一怨恨之心也并未消除，然而，卡耐基却不肯承认，这是他给卡耐基带来的伤痕。

如果你明天要激起一股愤恨，到死为止都让某个人痛恨你，那么你可以放任自己去说一些让人产生怨恨的批评话语。

在我们与一个人打交道时，你要明白，任何人都不是理论性的动物，而是复杂的、带有情感的动物。而批评是极具危险性的导火索，它足以将一个人置于死地，因为它背后隐藏的是一个威力极强的炸弹，一旦导火索被点燃，就会产生毁灭性的后果。曾经就有一个真实的案例：胡特将军因为被人们批评，又不被允许作为代表去法国，在这样对他自尊心的打击下，他的寿命被缩短了。还有，才思敏捷、在英国文坛上曾被称为"最好的小说家"的青年才子哈代因为受到了苛刻的批评而最终失去了提笔写作的勇气。

富兰克林在年轻的时候，并没有表现出过人的智慧，在后来，他之所以成为一个手腕极强、待人处世十分有技巧的人，就是因为他坚持做到："我不说任何人的不好，而说我所知道的每一个人的好处！"

卡莱尔曾经这样说过："要显示一个伟大人物的伟大之处，那就要看他如何对待一个卑微的人。"

正如强森博士所说的："上帝在末日之前，还不打算审判人！"那么，你我又为什么要批评别人呢？请记住，不要批评、责怪或抱怨。

为他人着想，能影响他人的想法

从我们来到这个世界上的第一天开始，我们所做的每一个行为，其出发点都是自己，这是因为我们知道自己需要什么。

成功的人际关系的秘诀就在于我们要找到对方的立场，从他的观点说话，像同意自己的观点一样同意他的观点。

卡耐基讲过这样一个故事："一到夏天，我就喜欢去缅因州钓鱼。我最爱的食物是草莓和奶油。但不知为何，对于鱼儿来说，它们却喜欢吃虫子和蚱蜢，所以每次当我提着渔具去钓鱼的时候，我想的并不是我所爱的食物，而是想它们爱吃什么，我并不是拿草莓或奶油作为鱼饵，而是把虫子或蚱蜢放到水里，并问游着的鱼儿：'你想吃这个吗？'"

其实，钓一个人，让他人为你所用，为何不用同样的方法呢？

"一战"期间，英国首相劳合·乔治正是采用了这种做法。战后，有人对他提问，为何他能做到在别的领袖已经退休不闻政事的时候依旧身居要职呢？他的回答是：如果非要为他能做到现在这样的要职找一个原因的话，那么，就是他知道钓鱼时，鱼饵必须适合鱼的口味。

为什么人们都只喜欢谈论自己的需求呢？那是多么幼稚和不近情理的行为，当然，对于你来说，谈论自己的需要实在无可厚非，你永远都会关心这个问题，但你要明白，别人并不在意，其他人也和你一样，他们也只会关心他们自己。

的确，在这个世界上，只有一个能影响他人的方法，那就是谈论他的需求，并且还要告知他，如何才能获得需求的满足。假如你要他人为你做什么的话，那么，你只需记住关注并谈论他的需求。譬如，当你不希望你的孩子抽烟时，那么，别打骂他，只需告诉他，吸烟以后就无法参加棒球队，或是无法取得百米竞赛的胜利。

实际上，无论你是对付一个孩子、一头牛或者是一只猿猴，你都能运用此方法。

比如，一次，爱默生和他的儿子希望家里的那头小牛能走进牛棚，他们和所有人一样，犯了最简单的错误，他们只想到了自己想得到的，却没想到牛的需要……于是，爱默生推，他儿子拉。而那头小牛也和他们的想法一样，也只想它自己所想要的，所以它始终坚持不肯离开它站立的那块草地。

在他们旁边的，是一个爱尔兰的女佣。她虽然不会和爱默生一样写作，但是至少她知道如何应付一头小牛，她了解牛马这些牲口们的习性，她更了解这头小牛需要的是什么。只见这名女佣把自己的拇指放进小牛的嘴里，让小牛吮吸她的拇指，然后，这头小牛便乖乖地进了牛棚。

与前文也许你会问，如果我是在给红十字会捐款呢，也是如此吗？的确，这也不会有例外。你在做的是一次善举，是一件神圣的事……可是，你捐款的原因有很多，也许是你不好意思拒绝才捐助的，也许是因为一位熟人请你捐款的。但无论如何，有一件事可以确定，你捐款，也是为了让你获得你所需要的。

哈雷·欧瑞福教授在他的一部极具影响力的书——《影响人类的行为》中说："行动是由我们的基本欲望所产生的……无论在商业中、家庭中、学校中、政治中，任何一个想要说服他人的人，给他最好的建议，就是要先激发对方某种迫切的需要，假如他能做到这点，那么，他就能左右逢源，否则，他就会处处碰壁。"

安德鲁·卡耐基曾是个贫穷的苏格兰少年，在那个时候，他的薪水每小时只有两分钱，但成功后的他却捐出了3.65亿美元——这是因为他很早就明白，影响他人的唯一方法就是为他人着想，看看对方需要什么。卡耐基只接受了四年的学校教育，但他却深谙为人处世之道。

在卡耐基身上发生过这样一件事：

他有两个侄子，都在耶鲁大学读书，他们总认为自己很忙，甚至连写家信的时间都没有，然而，他们的母亲却为他们担忧、相思成疾。

卡耐基得知此事后，便打赌说自己能写信让两个侄子立即回信。在信的后面，他附上了一句，说是给他们每人寄上五美元钞票一张，当作叔叔给两个侄子的礼物，然而，卡耐基却没有将这五美元钞票放到信封内。

果然很快，回信寄过来了，两个侄子表达了对叔叔的谢意，但也提及了自己从未收到这五元钱的事。

还有个例子是关于史坦·诺瓦克的。

诺瓦克先生一家住在俄亥俄州,他最小的儿子吉姆也该上幼儿园了。这天下班回家,诺瓦克先生看见吉姆在客厅的地毯上打滚,问了妻子后才知道,原来吉姆怎么也不愿意第二天去上幼儿园。诺瓦克想,干脆把吉姆关进房间,然后警告他第二天必须去上幼儿园,不然不许出来。然而,到了晚上,诺瓦克先生细细地想了一下,这样做似乎并不能让吉姆喜欢去学校、爱上学习,他又反问自己:"假如我是儿子吉姆的话,有什么东西能吸引我的注意力,让我乖乖去学校呢?"

他找来妻子,和妻子一起商量着吉姆的爱好,如唱歌、画画、结交新朋友。于是他和妻子到厨房的那个大的桌子上画画,他另外的一个孩子鲍勃也加入了他们,很快,如他所料,吉姆也对他们的活动产生了兴趣,并说自己也想参加,此时,他告诉他:"那可不行,你必须先要到幼儿园学习如何画画。"为了让儿子产生更大的兴趣,他把刚才在纸上列出来的兴趣爱好都用最生动的语言加以形容,当然,他也不会忘记告诉儿子,这些他感兴趣的事在幼儿园统统都有。第二天,诺瓦克很早就起来了,当他睡眼惺忪地走进客厅时,却发现吉姆已经穿戴整齐坐在椅子上了。"你这是做什么呢?""等着上学啊,快点吧,我怕迟到了。"他想,他和妻子的努力终于有了成效——让吉姆好好去上学,这一点,是威胁和争论所达不到的。

假如你想劝服某人去做一件事,在你还未开口之前,你不妨先反问自己："我如何能使他心甘情愿地去做这件事呢？"这一问题能让你放慢在匆忙之中立即去见人的脚步以及结束我们总是毫无结果地谈论自己欲望的习惯。

在卡耐基身上发生过一件事：

一次，他租借了在纽约的一家大型饭店的舞厅，一个季度所需要的时间是二十个夜晚，为的是举行一项演讲研究会。

某一季的研究会快开始的时候，他却接到了来自饭店的通知，他们希望卡耐基能付三倍的租金，然而，在那个时候，演讲会的通告已经发出去了，入场券也已经印发了。

当然，对于突然多出来的租金，卡耐基是很不乐意的，然而，那家饭店只注意到了他们所需要的，两天以后，他去了这家饭店，见了他们的经理。

他告诉那位经理说："当我接到你们的通知时，确实觉得十分惶恐……当然，我并没有责怪你的意思，我们的立场不同，假如我站在你的角度，也许我也会写出这样类似的信。作为经理，你的职责就是使这家饭店能最大限度地营利。如果你没有这样做，估计你的职位也会不保。现在，我拿出纸笔，将你要坚持加租所带来的利害之处都写下来。"

接下来，他真的拿出了一张纸，然后拿着笔经过这张纸的中心点画出一条线，上端写上"利"，另一端写上"害"。

在标有"利"的那一行，他写上了"舞厅空置"几个字，然后接着说："很明显，饭店大厅空出来，然后可以用来作为跳舞聚会的场地,那将是一笔很可观的收入。不难看出,那样做要比作为一个演讲场地出租赚得更多,在这一季度里,我占用了你舞厅二十个晚上,那么,你也肯定损失不少。"

卡耐基又说:"现在,让我们再来分析这样做的另外一个方面——你的加租要求我无法接受,那么,你的收入肯定会减少。因为我付不起你的租金,我只好选择另外的地方作为演讲场地。可是,另外一个事实就显现出来了,我想你也应该能想到,参加我这个演讲会的都是一些上层社会的知识分子,如果他们能到你的饭店来,那么,对于你来说,是不是一次免费的宣传呢?事实上,即便你拿出五千美元来做广告,这些名流也未必会来你的饭店,因此演讲会对你来说是一件很有价值的事,是不是?"

在说这话的时候,他把这两种情形都写在了纸上,然后把这张纸交给了经理,又说"我说的这两种情况,希望你能仔细考虑下,当你做了最后决定时,请通知我一下。"

第二天,他就接到了饭店送来的一封信,信的内容是通知卡耐基租金加了50%,而不是三倍租金。

这里,请注意,卡耐基并没有提到自己的需要便得到了租金减少的通知,在说服对方的过程中,他一直谈及的是对方的需要。

在刚开始得到饭店增加租金的通知时,假如他像别人一样——气愤地冲进这家饭店的经理办公室,然后找他理论:

"我连入场券都已经印好了，通告也已经发布了，但是你却告诉我要增加三倍的租金，你到底是什么意思？真是太可笑了……太不近人情了，我不同意！"

卡耐基这样做，又会怎么样呢？恐怕马上就会爆发一场争论和辩论。那么，接下来又会如何呢？即使他能够使这位饭店经理意识到自己的错误，可是因为他的自尊心，想要他承认他自己的错误也十分困难。

对于人与人之间如何建立关系的艺术，有一点很好的建议，亨利·福特曾说过这样的话："成功的人际关系的秘诀就在于我们要找到对方的立场，从他的观点说话，像同意自己的观点一样同意他的观点。"

这句话里的道理是多么简单和明显，想必任何人都能懂，然而，可以说，大概有90%的人，在90%的事上，都把这个道理疏忽了。

在卡耐基的研究会训练班中，有这样一个学生，他总是为他孩子的饮食问题感到忧心忡忡：因为这个孩子身体不太好、不肯吃东西，体重一直很轻。为此，父母经常责骂他，希望他多吃，快快长大、练就强壮的身体！

这个孩子会听他父母的话吗？他根本不会在意，就像摆在你面前的是一次盛宴，但却与你无关，你自然也不会去在意。

任何一个希望自己3岁的孩子能听从自己见解的父亲都是毫无常识的，这位父亲最后也发现自己那样做是毫无情理的，所以，他反问自己："我的儿子需要些什么？如何才能在我需要的和他需要的东西之间架起一座桥梁呢？"

当他把注意力放到这里时，问题就好解决了，他发现，他的儿子有一辆脚踏三轮车，并喜欢在门前的人行道上骑着这辆车玩，他的邻居家有一个很坏的大孩子总是把他儿子从车上赶下来，然后自己骑起来。

每次，他儿子都哭着跑回家，把被欺负的事情告诉家人，随后他母亲会从屋里出来，将邻居大孩子从车上拉下来，再让儿子坐上去。这样的情形，在他儿子身上，经常发生。

这个小孩子到底需要什么呢？其实这个问题很好考虑，他需要的是自尊。他对大孩子欺负自己的行为感到很愤怒，他要求自尊感的欲望驱使他想痛击这个很坏的孩子。假如他的父亲告诉他，只要多吃点母亲做的东西，他就能很快长大、变得强壮起来，他就能将那个很坏的大孩子打倒在地。那么，这个孩子很快就不会挑食厌食了，无论是蔬菜、水果，还是肉食，他只希望自己能快速长大，去报复那个一再欺负他的"暴徒"。

在这个问题解决后，这位父亲又感到头疼了，因为这个小男孩还有一个坏习惯——遗尿。

小男孩每天都跟祖母一起睡，到早上祖母醒来的时候，会习惯性地摸一摸床单，然后摇摇头，对自己的孙子说："乔治，你看你昨晚又干什么了？"

小男孩总是狡辩："那不是我尿的，是你尿的。"

为此，父母骂过他，也打过他，他的母亲也曾多次告诉他不要那样做了，但是乔治始终没有改掉这个坏习惯。乔治的父母因此感到很伤脑筋，他们经常会问彼此："到底该怎样做才能让乔治这孩子改掉遗尿的坏习惯呢？"

乔治到底想要什么呢？他们很快想到了答案：第一，他想要一件睡衣，就像父亲穿的那样，而不是母亲那样的睡衣，他的祖母早已经因为他遗尿的坏习惯烦透了，因此，她很乐意帮乔治买一件睡衣；第二，乔治希望自己像个大人一样有自己的睡床，这一点，祖母也同意。

于是，接下来，母亲带乔治来到一家百货公司，然后告诉售货员可以推荐给乔治一些东西。

女售货员立即明白了母亲的意思，她走向乔治，对他说："年轻人，你想购买些什么呢？"

乔治此时很骄傲地抬起头和他的脚后跟，然后也提高了他的声音，告诉售货员："我想要为自己购买一张床。"

当乔治看到自己喜欢的那张床时，母亲向售货员使了个眼色，售货员很快会意，然后说出乔治看上的这张床是多么可爱和富有个性。乔治最后决定让母亲把这张床买下来。

这天晚上，百货公司就将床送了过来，乔治飞奔到门口，很欢快地说："爸爸，爸爸，你快出来看啊，那是我自己购买的床。"父亲也赶紧出来，点了点头，以表示对乔治的赞扬。

然后，他对乔治说："乔治，我想你不会再尿湿这张床了，对吧？"

乔治赶紧摇了摇头，对父亲说："哦，不，我不会再尿湿了。"当然，因为自尊心的关系，乔治遵守了自己的诺言……乔治再也不遗尿了，因为那张床是他自己买的。现在，乔治每天晚上上床前都会穿上新买的睡衣，像个大人一样入睡，从前他就是这样想的，现在他做到了。

还有一位父亲，他是一位电话工程师，他也在我的训练班里学习。他有个3岁的女儿，这个小女孩总是不肯吃早饭，这让他很苦恼。他使用了很多办法，比如哄骗、责骂等，但都无济于事。

在这个小女孩的眼里，像母亲一样做就说明自己长大了。这位父亲察觉到了女儿的心理，所以一天早上，他把自己的女儿放到了厨房的一个高高的椅子上，让她像她的母亲一样做早餐，这也正是小女孩想要做的。

当他走进厨房时，小女孩看到了自己的父亲，雀跃地叫着："爸爸，你看，我在做早餐呢。"

父亲赞扬了她。就是这个早上，这个小女孩在没有任何人的哄骗下，乖乖地吃了两大碗饭。因为在做早饭的时候，她感到自己很重要，找到了表现自己的机会。

想赢得人心，就要以友善的方式开始

温暖胜于严寒，温情往往比冷酷更能打动人心。如果你想赢得人心，就要以友善的方式开始。

那是1915年发生的事，那个时候，我们的石油大王洛克菲勒还是科罗拉多州一个不起眼的小人物。小洛克菲勒当时负责的是美国科罗拉多州的一家钢铁公司的管理工作。而当时，美国工业史上爆发了最激烈的罢工，并且持续了两年之久。当时贫困线上的矿工们愤怒极了，因为他们的薪水太低，他们要求钢铁公司提高待遇。这些已经失去理智的矿工们将公司的财产破坏了，最后，军队前来镇压，造成了流血牺牲，不少可怜的工人们被杀害了。

在那样激烈的情况下，可谓民怨沸腾，但是聪敏的小洛克菲勒却让罢工者们信服了，他到底是怎么做的呢？

刚开始，小洛克菲勒花了几周时间去结交朋友，并把那些罢工者代表召集起来，然后进行了一场演说，可以说，这场谈话在罢工者心里是永恒的，小洛克菲勒不仅平息了众怒，还为自己赢得了赞赏。演说的内容是这样的：

"在我的一生中，今天绝对是一个让我难忘的日子。因为今天我第一次有幸能和这家大公司的员工代表们见面，还有众多的公司行政人员、管理人员。我要说的是，现在我很高兴站在这里和大家见面。而假如这次聚会是在两周以前举行的，那么，对于你们来说，我就只是一个陌生人而已，而对于你们，我大概也就只记得其中的几张面孔。

"上个星期，我去拜访了整个南区矿场的营地，和大部分工人代表交谈过，我去看过你们和你们的亲人，所以现在我们并不是陌生人了，我们是朋友。基于我们这样互助的友谊，我很高兴在这里和大家一起讨论我们的共同利益。

"此次聚会是由资方和劳方共同组织的，感谢你们的信任，让我坐在这里和你们一起讨论，即便我不代表你们中的任何一方，但是我深感与两方都关系密切。所以，从此看来，我也代表了资方和劳方。"

多么精彩绝伦的一次演说！这才是化敌为友的最佳方式。而如果小洛克菲勒采用的是另一种方法，他与矿工们争论谁是谁非，或者用不堪入耳的话骂他们，或者寻找各种理由来证明矿工们是错误的，那么，结果可想而知：势必会引发更多的不满和暴行。

一百多年前，林肯说了这样一番话：

"假如在他人的心中，有愤愤不平的情绪，假如他们对你印象恶劣，那么即便把那些基督理论搬出来，也无法使他们信服于你。生活中到处都是这样的例子，想想总是对你求全责备的父母、专制跋扈的上司、喋喋不休的妻子，的确，唯一难以改变的就是人们的思想，你无法强迫他们同意你的观点，但是你完全有可能去逐步引导他们，只要你采用的是友善、技巧性的话语。"

这是一个古老但亘古不变的道理:"一滴蜂蜜要比一加仑的胆汁更能招惹苍蝇。"人与人之间的相处也是如此,如果你想赢得人心,首先就要让他相信你是他最真诚的朋友,那就好比你在他的心头滴上了一滴蜂蜜,他的心被你吸住了,这样,你就找到了一把开启他心门的钥匙。

在律师界,有个很权威的名字——丹尼尔·韦伯斯,他被很多人奉若神明,但是即便有如此高的声誉,他在公堂之上一直都使用的是那些温和的字眼,在辩论中,他常常使用这样的语句:"也许这值得再深思""这还有待陪审团的考虑""我想这里有些事实您还没有忽略掉""我想,出于您对人性的了解,应该很容易看出这件事的重大意义"——所有这些话,都没有威胁或高压,更没有强迫。韦伯斯使用的都是一些最温和和最友善的处理方式,但却彰显了他的权威,这就是其最大的成功之处。

也许你并不需要去处理小洛克菲勒遇到的那种罢工运动,也不需要在陪审团成员面前发表演说,但是,你绝对有机会遇到下面这种情况:

施特劳伯是位工程师,他租住在一间公寓里,房子不错但房租确实不低,他想劝说房东减低房租。但听其他的房客说房东是一位铁面无情的人,估计很难说服。

在一次卡耐基训练班的报告上,他向大家陈述了这件事:

"我给他写了一封信,在信上,我对他说,等租约期限一到,我就会搬出去。不过我并不想搬家,只是希望能降低房租而已。我很愿意继续住下去,但我也明白,其他房客都试过跟他谈谈,但都失败了。他们还提醒我,这位房东不是一位好应付的人,让我特别小心,我对自己说:'我最近正选修一门课呢,正好拿这件事练练手。'

"在接到我的信后,房东很快就来了,我开了门,跟他打招呼,说了些热情的问候语,我也没有提到他的房租定的太高的事,只是一直在表达我对这栋公寓的喜欢之情。请相信我,我确实是一直在赞美他的房子,我还恭维他会管理房子,如果不是我交不起房租的话,我很愿意一直租住下去。我发现,可能是他从来没有遇到过我这样的租客,所以一时间有点手足无措了。他还告诉我一些关于他的房客让他感到困扰的事。'有人写了14封信,其实我能看出来,这些话是在侮辱我,居然还有人叫我让楼上的人停止打鼾,否则他就违约不交房租,这简直是无理取闹。像你这样的房客,实在太少了,我也减轻了不少麻烦。'并且,在我还没提减租一事之前,他居然主动为我减低了一些房租。后来,在我们谈完他离开的时候,他居然还突然转过身来问我房子还有哪里需要装修的。我想,假如我用和其他租客一样的方法要求减租,我游说的结果也会和他们一样,这就是友好、赞扬所带来的力量吧。"

请记住这句话:"一滴蜂蜜要比一加仑的胆汁更能招惹苍

蝇。"当你希望获得他人的信服时，请记住第三大原则：以友善的方式开始。

永远不要直接说"你错了"

如果你希望别人信服你，你要记住：尊重别人的意见，永远不要直接说："你错了。"

西奥多·罗斯福总统还在白宫的时候曾说，他的判断假如能达到百分之七十五的准确率，那么，他在行事中就能达到最高的境界。

像罗斯福这样的伟人对自己的判断准确率都只估算在百分之七十五左右，我们平凡人又该当如何呢？

如果你能确保自己的准确率在百分之五十五的话，那么，只要你愿意跻身华尔街，你就能日进斗金。而如果你不能确保这一点，那么，你又凭借什么来指责别人犯错呢？你指出别人错误的方式有很多种，比如眼神、音调或者是手势，但你要明白的是，当你指出对方错误时，对方会因此认同你吗？当然不会！因为在那一刻你已经否定了他的智商、判断力等，这会让对方开始反击你，这样还是不会改变他的观点。可能你会说，用康德和柏拉图的逻辑理论来反驳应该有说服力了吧，但很可能还是没有用，因为他们的感情已经被你伤害了。

在任何谈话中，千万不要在刚开始就宣称："我要证明给你看。"这简直是在表明你比他聪明和必须要改变他看法的态度。这种做法实在太不明智了，无疑会让对方对你产生反感。在这种情况下，要想真正改变对方的想法简直不可能了。所以，为什么要打草惊蛇呢？为什么要弄巧成拙呢？为什么又要给自己添麻烦？如果你想证明什么，大可以在不让他人知道、不着痕迹的情况下，带着技巧去做，这就像诗人波普的诗句中所说的那样："当你在改变别人的时候，要装得好像若无其事一样；事情要不知不觉地提出来，好像被人遗忘一样。"

300多年前，科学家伽利略说过："你无法教别人什么，你只能帮助他们去发现而已。"

苏格拉底也一再告诉他的门徒们："我唯一知道的，就是我不知道什么。"

查斯特菲尔德爵士也曾对他的儿子说过这样的话："要比别人聪明，但不要让他们知道。"

看吧，我们不会比苏格拉底更博学，所以，从明天起，再也不要自作聪明地去指出别人的错误了，因为你会为此付出代价。即便你真的认为你是对的，对方确实错了，你最好还是转变一下说法："慢着，请等等，我有一个想法，也不知道对不对，如果我说得不对，请一定要帮我指正，让我们共同来探讨这件事。"

尤其是这句："如果我说得不对，请一定要帮我指正，让我们共同来探讨这件事。"要知道,这句话似乎天底下没有人会反驳。

在卡耐基的训练班上,有一位学员叫哈洛·雷恩克,他是道奇汽车在蒙大拿州的代理商,他就是运用这种方法处理客户纠纷的。

在他的报告中,他说:"现在的汽车行业确实竞争激烈,因此,面对那些客户提出的投诉案件,我们很多同事表现得十分冷漠和无情,这让不少客户感到愤怒,甚至让我们的生意泡汤。

"后来我将事情思前想后考虑了一遍,我就知道该怎么做了。我改变了做事的方法,当我的客户投诉和抱怨时,我这样回答:'我们公司的同事确实犯了不少错误,我为此感到十分抱歉,请把你遇到的情况详细告诉我。'

"很快,我发现,那些客户的怒气就这样被化解了。当客户的情绪一放松,在处理事情的过程中,我与他讲起道理来就方便多了。很多客户对我良好的态度表示感谢,其中有两个客户在事后还带着他的两个朋友来买车。说实话,随着汽车市场竞争的加大,我确实需要这样的客户为我介绍生意,而我相信一点,始终尊重客户的意见,对客户谦逊有礼,这是我赢得竞争的重要资本。"

要知道,认错绝对不会让你引来麻烦,相反,也只有这样,才能解决人与人之间的争论,引导对方和你一样宽容,其至还有可能认识到自己的错误。

一次，卡耐基想把家里的窗帘重新设计一下，于是，他找来了一位装潢师，可是当他看到账单的时候，确实被价钱吓了一大跳。

过了几天，有个朋友来看他，她看到那些新换的窗帘后问他价钱，在得知他花了高价做了这些改变后，她以很吃惊的态度说："什么？真是不可思议，我想你肯定是被骗了。"

卡耐基也知道这些窗帘的价钱不便宜，但是他很少听到有人这样评价他的行为。于是，他开始为自己辩解，告诉她便宜没好货的道理。

就在她走后的第二天，卡耐基的另外一个朋友也来看他，她对那些窗帘赞不绝口，说他品味不错，还说自己也希望以后能买得起这样好的货色，卡耐基的反应也与昨天的完全不同，他对她说："说实话，我也差点儿支付不起这样高昂的货品，我现在也后悔为什么不在刚开始先谈好价钱呢。"

当我们做错事时，也许会在私下里承认。如果和我们交谈的人，他的态度能平和点，或者有技巧地劝服，我们也会坦诚自己的错误，甚至还自认为自己心胸宽广、坦白，不过，假如我们觉得对方是有意刁难我们的话，那么，情况就完全不同了。

我们现在已经了解到一点，面对别人的错误，如果你不加掩饰地指出来，那么，无论多好的意见，对方也不会接受，甚至觉得被你伤害了，因为你让对方颜面无存。

我们都知道马丁·路德·金是一位和平主义者，有人问他为什么倾向于白人将领丹尼尔·詹姆斯，而不是黑人高级官员，马丁·路德·金回答："我判断别人，是用别人的原则，而不是自己的。"

还有一个故事：有一次，罗伯特·李将军和南方联邦总统杰斐逊·戴维斯在谈话时提到他们手下的一位军官，李将军很赞赏这位军官，而另外一个军官对这样的评价感到很诧异，他问李将军："难道你不知道他经常在背后诋毁和攻击你吗？""我知道，不过总统当时问我的是我对他的评价，而不是他对我的看法。"

千万不要和你的爱人、顾客发生冲突，也不要指责他们错了，如果非要指出来的话，你也得运用一点技巧。所以，如果你希望别人信服你，你就要记住第四大原则：尊重别人的意见，永远不要直接说："你错了。"

把握第一印象，在见面的一瞬间就赢得对方的好感

卡耐基认为，一个人身上是否潜藏着微笑正能量，就在于一个人的第一印象。一个人的形象魅力大多体现在第一印象上，何谓第一印象？第一印象是两个陌生人相见时的最初印象，是通过对对方衣着、谈吐、风度等的观察给其做的初步评价。第一印象的作用举足轻重，它往往是继续交往的根据。简

单地说，能否给他人留下良好的第一印象，往往决定着你能否赢得他人的好感。这是因为第一印象一旦建立起来，对后面获得信息的理解和组织就会有强烈的定向作用。由于人们具有保持认知平衡与情感平衡的心理倾向，因此更倾向于使后来获得的信息的意义与已经建立起来的观念保持一致，而人们对于后来获得的信息的理解，往往是根据第一印象来完成的。所以在日常交际中，我们要时刻保持一个得体、优雅、文明的外在形象，给他人留下良好的第一印象，在见面的一瞬间就赢得对方的好感。

阿东是公司的人事部经理，曾面试过上千人，为公司发掘了不少优秀的人才。不过，阿东非常看重一个人的第一印象。

有一次，阿东无意中看见了一个应聘者的简历，高学历、出色的工作履历让阿东这个阅人无数的经理也心动了。还没有见到那个人，阿东已经给他打了很高的分数，甚至求贤若渴的他推迟了其他的工作，专门为这个应聘者安排了一场面试。

这天中午，在约定的面试时间里，阿东见到了那位优秀的应聘者，只见他身穿浅黄色的衬衣和灰色西裤，头发有些凌乱，胡须也没有修剪。这样的形象顿时让阿东大跌眼镜，这和想象中的样子差距也太大了吧！在阿东的指引下，面试者在对面坐了下来，当时正值盛夏季节，一股怪味扑鼻而来，阿东寻找源头，竟发现是对面那个人身上散发出来的。阿东仔细打量，发现面试者身上本来穿的是一件白色的衬衣，但由于汗渍长期的积累而泛出了黄色，就连深色的西裤也依稀看得到汗渍和油污。这时，阿东心中的好感已经荡然无存。简单地聊了几句就结束了面试，而阿东也决定不录用他，尽管内心觉得很遗憾，但他坚信自己的判断。

虽然，我们常对自己说"不要以貌取人"，但几乎所有的人都无法做到这一点，而且很多人习惯在初次见面就以貌取人。所以在日常交际中，我们的服饰、发型、手势、声调和语言等自我表达时刻都在影响着他人对我们的判断，不管我们愿意与否，我们都在给对方留下关于自己的印象。有的人认为只要自己能力强，工作表现好，肯定会赢得上司的好感，其实并不是这样。一旦自己与他人能力差不多，表现也都出色的时候，第一印象将显得格外重要。

卡耐基说，与人交往的主要目的是赢得他人的好感，而首先就是要留给他人良好的第一印象。其实，给别人的第一印象是可以进行自我修饰的，也就是通过对自己装扮、语言、表情以及动作的约束来影响和改变他人对自己的评价，给他人留下一个良好的印象。

那么，怎样才能给人留下良好的第一印象呢？

首先，要注意自己的外表。虽然，一个人的相貌是自己无法决定的，但服饰却完全取决于自己。俗话说："三分长相，七分打扮。"我们的服饰装扮需要坚持整洁、得体、自然的原则。另外，还需要注意细节修饰，有的人穿名牌衬衫，但从不熨烫；有的人穿名牌皮鞋，但从不擦干净。这些都会让你的完美形象大打折扣。

其次，一个人的动作常常将他的气质、性格表达得淋漓尽致。粗俗的行为总是令人生厌的，这就要求我们注意自己的行为举止，待人接物面带微笑，注意分寸和距离。尤其是与异性交往，举止不可轻浮，以避免不必要的误会。

最后，还要注意自己的用语。初次与人见面，特别是在一些正式场合，不要随便说"哎哟""噢"之类的感叹词，这些词说多了会令人生厌。说话之前要思考，不要信口开河，否则容易给人一种不诚实、不认真的感觉。另外，我们要准确、清楚地表达自己的意见，并避免使用粗俗的话语，避免尖刻、损人的谈话，也不要抬高自己而故意贬低他人。

最为关键的是保住对方的面子

宾州的佛雷德·克拉克谈到了发生在他们公司的一件事：

"有一次，在开会的时候，我们的副总裁提出了一个犀利的问题，是有关在生产过程中的管理问题，他当时愤怒极了，直接把矛头指向生产部总监。为了不让自己在众多同事面前出丑，生产总监对副总的质问沉默不语，这更激怒了副总，他甚至直接在所有参会人员面前骂生产部总监是个骗子。

"上下层曾经建立的最好的关系,也会因为这样火爆的场面而顷刻间毁坏。从我自己的角度看,我觉得那位生产部总监是个很好的员工,但从那天开始,他可能觉得自己再也无法待在公司了,就在这件事发生后的几个月,他就辞职去了另外一家公司。我从其他同事那儿了解到,他在那家公司表现得不错。"

安娜·马桑也说自己曾经遇到了这样的情况,但事情发展得却完全不同。

马桑小姐是一家食品包公司的市场专员,她刚接到公司给她指派的任务——为一种新产品做市场调查,她说:

"当我收到调查报告的时候,我差点崩溃,大概是计划出错,这份报告错误百出,结果当然也是错误的,接下来,唯一能做的大概就是重新再来。但更糟的是,报告会马上就要开始了,我也没有时间再去找老板重新商量这件事。当他们要求我把报告内容解读出来的时候,我已经吓得两腿发软了,我尽量克制自己的紧张情绪,免得被大家嘲笑。因为太紧张的关系,我只是简单地叙述了一下,并表示我要重新改正过来,在下次开会时一定提出一个更完善的报告。在我坐下来后,我做好了准备被领导大骂一顿。

"然而,让我没有想到的是,他并没有骂我,而是先感谢了我的努力工作,然后表示他相信我新做的报告绝对不会再出错,并且还会对其他同事的工作大有帮助,他在众人面前肯定了我,相信我已经尽最大努力了,还说我是因为缺少经验,而不是能力不足或不够勤奋……在会议结束的时候，我挺起自己的胸膛，并且告诉自己一定要认真、努力工作，这种情况绝不能再发生，也绝不能让领导失望。"

如果我们是对的，而对方是错的，那么，对方也会因为我们说的让他没面子的话而自尊受伤，法国传奇性的飞行冒险家圣苏荷依曾说过这样一句话："我没权利去做或者说任何贬低他人尊严的事，因为最重要的并不是我对他的评价，而是他自己认为自己怎么样，要知道，贬低人的自尊是一种罪过。"

我们再说说已经去世的德怀特·摩洛，他在这一方面更是拥有出神入化的能力，无论是怎样的好战分子，他总是能在三言两语间化解争端，那么，他是怎么做的呢？

他会先找出二人正确的地方，然后加以强调并赞扬，将其慢慢凸显出来，但自始至终，他从不指出他们的错误。

其实，任何一个公证人都明白，最为关键的是：保住双方的面子。

事实上，任何一个杰出的人都知道这一点，他们是不会将一分一秒的时间浪费在满足个人的胜利上的。我们再来举一例：

历史上，希腊和土耳其进行了几个世纪的对峙，到了1922年，土耳其终于决定，将希腊人驱逐出土耳其领土，这是一场空前惨烈的驱逐战争，正如土耳其的穆斯塔法·凯末尔所阐述的那样："你们的目的地是地中海。"

最终，希腊战败，土耳其获胜，希腊的两位大将——迪利科皮斯和迪欧尼斯不得不前往土耳其的凯末尔总部投降，成王败寇，土耳其人原本可以对他们进行百般折辱，这通常是一个胜利者的姿态。

然而，也许这两位将军自己也没想到，凯末尔并没有这样做，他丝毫没有一个胜利者的骄傲，而是诚恳地握住他们的手说：

"两位先生，请坐，路途遥远，一定累了吧。"然后，他开始和他们讨论投降的细节问题，期间，他还不忘安慰失败给他们造成的痛苦，这是军人间一种平等的对话："战争是残酷的，即便是最杰出的人也可能打败仗。"的确，胜败乃兵家常事，这样能减少他们因为战败而产生的屈辱感。

第二章

传递善意,让微笑成为你的名片

不吝惜自己的微笑，亲和地对待他人

卡耐基曾举了一个简单的例子，一个售货员的心情很好，于是给了顾客一个亲切的微笑；顾客的心情也变好了，回到家给了儿子一个微笑；儿子的心情也变好了，到学校给了所有同学一个微笑，微笑就这样一直传开了。这就是心理学中著名的微笑效应。心理学家通过研究得出这样一个结论：如果你决定提高自己的社交技巧，决定结婚或者至少跟一个人住在一起，决定追求有意义的目标并且在过程中、在小事上享受快乐，那么，你的幸福感就能提升10%~15%；如果你能不吝惜自己的微笑，亲和地对待他人，那么，你的幸福感就能提升20%~25%。微笑，能够撩动人心，让人亲近。

曾听卡耐基讲述了这样一个故事：

有一天，忧虑者向智者请教："尊敬的人间智者，请告诉我，如何才能跳出忧郁的深渊，享受欢乐呢？"智者微笑着说："那你就学会微笑吧，向你每天所见的一切。"忧虑者感到很奇怪："可是，我为什么要微笑呢？我没有任何微笑的理由呀！"智者回答道："当你第一次向人微笑时，不需要任何理由。"忧虑者问道："那么，第二次微笑呢？以后我都不需要任何理由就微笑吗？"智者笑着说："以后，微笑会按它自己的理由来找你。"于是，忧虑者按照智者的指引，去寻找微笑了。

半年过后，一个人来到智者面前，告诉智者："我就是半年前那个忧虑者。"现在，这个过去的忧虑者满脸阳光，在嘴角总是挂着真诚的微笑。智者问道："现在，你有微笑的理由了吗？"曾经的忧虑者说道："太多了，当我第一次试着把微笑送给那位我曾见过无数次面的送报者，他居然还我同样真诚的微笑，我发现天那么蓝，树那么绿。"说完，他又开始讲述自己的经历："当我第二次把微笑送给那位不小心把菜汤洒在我身上的侍者的时候，我感觉到了他发自内心的感激，感受到了那份温情，而那份温情驱散了积聚在我内心的阴云。后来，我不再吝惜我的微笑，我把微笑送给了那些孤行的老人，送给了天真的孩子，甚至送给了那些曾经辱骂过我的人。我发现，我收获了倍于我所付出的东西，这里面有赞美、感激、信任、尊重，还包含着一些人的自责和歉意，而这都是人间最美好的感情，这让我变得更加自信、更加愉快，我更愿意付出微笑。"智者微笑着说："你终于找到了微笑的理由，假如你是一粒微笑的种子，那么，他人就是土地。"

美国第一任总统华盛顿曾说："一切和谐与平衡，健康与健美，成功与幸福，都是由乐观与希望的向上心理产生与造成的。"原一平是日本的一位保险推销员，他只有1.53米的个子，刚开始从事保险员这份工作的时候，原一平几乎连一分钱的保险都拉不到。然而，他每天依然精神抖擞，一路上不断地用微笑和那些擦肩而过的行人打招呼。由于原一平的微笑总能感染到别人，后来他成了日本历史上最出色的保险推销员，而他的微笑被评为"价值百万美元的微笑"。

原一平的微笑如此神奇，不仅给顾客带来了欢乐与温暖，而且也给自己带来了巨额财富和一世英明。其实在这个世界上，每一个发自内心的微笑，都具有神奇的力量。威尔科克斯说："当生活像一首歌那样轻快流畅时，笑颜常开乃易事，而在一切事都不妙时仍能微笑的人，才活得有价值。"微笑是种子，谁播种微笑，谁就能收获美丽。

1.记得每天面带笑容

早上出门之前，对着镜子，面带笑容，然后一直保持这个表情。其实，微笑不仅仅可以传递给身边的人正能量，而且也可以给自己补充正能量。试想，当你心情郁闷的时候，一个笑容可以给自己增强多少信心。

2.微笑是一种正能量的传递

卡耐基告诉我们：一个微笑，就是一个和善的信号，更是一种正能量的传递，可以缩短心灵之间的距离，消除误解、疑虑和不安，使他人有一种被尊重的感觉，满足他人最大的心理需求。

自尊是每个人必须学会的第一个原则

自尊是每个人必须学会的第一个原则。从小，我们就应该学会"站着"而不是"趴着"去仰望那些大人物，这样所建立的自信心与健全的人格会为我们的一生打下坚实的基础。卡耐基告诉我们：一个人的心灵世界，是要靠自尊来支撑的，尊严可以带给人自信，也可以改变一个人的命运。而这就是所谓的尊重法则。在哈佛大学里，每个人都是平等的，没有谁能够享受某种特权，因为每个人生下来都是平等的，他们有着同样的生存权利。

在哈佛的众多名校长中，劳伦斯·萨默斯是任职时间最短的一位。当然，并不是因为萨默斯的能力不够，或者说资历不强，而是由于萨默斯在某些方面不懂得尊重人，最终不得不告别了哈佛大学。

28岁的萨默斯获得了哈佛大学哲学博士学位，在1982～1983年期间，萨默斯曾受雇于时任总统里根的经济顾问委员会。1983～1993年，萨默斯受聘为哈佛大学经济学教授，而且成为哈佛大学现代历史上最年轻的终身教授。1991～1993年，萨默斯在世界银行贷款委员会担任首席经济学家。1999～2001年，萨默斯担任克林顿政府第71任财政部部长。在美国历史上，萨默斯是一位名声显赫的人物，然而，正是这位声名赫赫的大人物，却惨遭哈佛大学的"滑铁卢"。

萨默斯是一个习惯"信口开河"的人，而正是这一习惯让他付出了惨重的代价。2001年，年仅47岁的萨默斯接任哈佛校长，在就职期间，萨默斯不经意说了一句："女性先天不如男性。"顿时，这一观点被斥责为"性别歧视"，在哈佛大学引发了一场"反萨默斯"风潮。结果是，萨默斯与同事关系紧张，严重影响了哈佛大学的团队精神。在一次投票中，哈佛的教职员纷纷向萨默斯投下了不信任票，在这样的舆论压力下，萨默斯只有主动辞职，而他是历届哈佛校长中就职时间最短的一位。

虽然劳伦斯·萨默斯在美国社会上是一位赫赫有名的人物，但是在哈佛大学，他不能享受一丝特权。萨默斯作为哈佛大学的校长，有管理学校的权力；同时，他又承担着相应的责任，他的言行举止必须受到哈佛广大教职员的监督。所以，在教职员的不信任票中，萨默斯被迫离开哈佛。哈佛民主治校的人文精神是"反对特权、崇尚平等"，几乎每一位哈佛学子都渴望在平等中获得尊重。而萨默斯一句不尊重女性的话，最终导致其威望的下降。

纽约商人看到一个衣衫褴褛的铅笔推销员，出于内心的怜悯，塞给那人一元钱，但是过了一会儿，纽约商人意识到自己的行为伤害了对方的自尊。于是，纽约商人返回来，从铅笔推销商那里要来几支铅笔，并解释道："不好意思，我忘记拿笔了。"几个月过去了，纽约商人再次遇到了那位卖笔人，这时，那位卖笔人已经成为推销商。他感谢纽约商人道："是你重新给了我自尊，告诉了我，我是个商人。"

我们应该记住：在日常交际中，尊重永远是社交的第一要素，在任何时候，面对任何人，都要懂得尊重。尊重，就好像一个接力棒，它所传递的是正能量，尊重别人或被别人尊重的人都会感受到这种正能量。

弗洛姆说："尊重生命、尊重他人，也尊重自己的生命，是生命进程中的伴随物，也是心理健康的一个条件。"只有真正学会尊重他人、尊重身边的每一个人，我们才能得到他人的尊重，才能与他人建立融洽和谐的人际关系。尊重，如同一把火炬，在心灵与心灵之间传递着信任与爱；尊重，又如同一把金钥匙，打开了所有上锁的灵魂。

幽默是一种人生态度

卡耐基曾说："幽默是一种人生态度。"在日常交际中，幽默的语言能使紧张的气氛顿时变得轻松活泼，能让对方感到真诚，更容易感染对方，从而达到打动对方的目的。在生活中，幽默无处不在，它是人际交往的调节剂。我们应该学会用幽默创造氛围，纵观古今名人，凡是成就大事者，无不具有幽默的细胞。著名文学家萧伯纳一句"你撞了我可以名扬四海"，使骑车撞了他的小伙子脱离尴尬境地；音乐大师莫扎特以顺藤摸瓜式的幽默让轻狂的学生低头信服；政治家俾斯麦以偷梁换柱的幽默道出了女人的通性。

张先生借用朋友的豪华别墅办了一场聚会，活动即将开始时，助理焦急自责地跑来跟他说："苹果不知道什么时候掉了一袋，剩下的可能不太够用，这里离市区又那么远，怎么办？"张先生没斥责她，仅轻声地问："有没有哪一种准备得多一点？"助理说："小点心准备得很多，应该会有剩下。"张先生于是拍了拍助理的肩膀安慰她："没关系，有我呢！"宴会开始了，大家都看到前头的苹果盘前放了一个小牌子，上面写着："上帝正在看着你，请别拿太多了！"大家不禁莞尔一笑，走到后头又看到放小点心的盘子前也立了一个牌子，上面写着："不要客气，要多少拿多少，上帝正忙着注意前面的苹果呢！"来宾们都笑弯了腰，结果这场聚会宾主都尽兴无比。

张先生一句得体俏皮的话，立即让主宾之间的心灵距离缩短，并获得宾客的好感。当然，并不是说每一句话都需要幽默，也不是随便一句俏皮话都可以被称为幽默。幽默的语言风格不仅需要风趣，更需要得体，符合场合，这样才能更好地达到幽默的效果。

卡耐基曾讲述了这样一个故事：

在一个大城市的市郊，有一个颇具规模的化工厂。这个厂终年生产一种化学产品，从烟囱里冒出了大量的烟和灰尘，使临近的几家企业饱受烟和灰尘之苦。在一次化工厂加班生产的时候，隔壁一家工厂的厂长半开玩笑地说："你们生产这么忙，如何处理这些烟和灰尘呢？"化工厂的厂长也半开玩笑地说："我们打算将烟囱加高二分之一，同时向包装厂定制一个特大的塑料袋，并用直升飞机把袋子吊到烟囱的上空罩下来。"两位厂长各带幽默的话语，使他们彼此得到了谅解，一道哈哈大笑起来，紧张的心情也渐渐地舒展开来了。

几句幽默诙谐的话语，使双方都获得了谅解，最终缓解了彼此紧张的心情。恩格斯曾经说："幽默是表明人对自己事业具有信心并且表明自己占有优势的标志。"当然，幽默的语言风格是建立在较高的思想境界和较高的涵养上，如果你是一个心胸狭窄、思想颓废的人，你是不会幽默的。幽默永远属于那些拥有热情的人，属于生活的强者。

当然，幽默并不是人天生就有的，而是智慧与经验的结晶。而且，幽默所产生的力量是巨大的，它可以帮助我们以另一种眼光来看待身边的人和事，帮助我们营造良好的氛围，达到传递社交正能量的目的。

那么，如何在语言表达中增添幽默的元素呢？

1.曲解

有时候我们可以故意曲解某件事情的含义，为问题找到一个似是而非的解释，使结果和原因之间显得不那么相称，给人一种荒谬感，从而幽默。

2.戏谑

在日常交际中,我们可以通过场景来发挥幽默的表达技巧。戏谑幽默是一种无攻击性的幽默技巧,开着机智、哲理的玩笑,目的就是增加对方对你的亲切感,影响对方的心理。

3.假设推理

在沟通过程中,我们可以利用对方不稳定的前提或自己假定的前提,来推理引申出某种歪曲的结论和判断,但这并不是逻辑上的结果,而是偶然性和意外性的结果,最终形成幽默感,令对方愉悦。

假若把你的各种优良特质比作钻石的各个侧面,幽默感则是钻石直接面向他人的那一面,可以时时折射出智慧的光芒。幽默,时常会让我们一展才华,脱颖而出,令人耳目一新,印象深刻。一段精彩的幽默说辞,有时会让人终生难忘,而你将成功地打开他人的心扉。

站在对方的角度说话,你会被接纳和喜欢

在日常交际中,我们要能够体会对方的情绪和想法,理解对方的立场和感受,站在对方的角度思考和处理问题,这样才能产生出共鸣,也才能成功地进行沟通。在已经发生的事情中,把自己当成对方,想象自己是由于何种心理触发了整件

事情。在整个心理过程中，由于自己先接纳了这种心理，所以也就接纳了对方的这种心理，最后谅解了这种行为和事情的发生，这与古人所说的"己所不欲，勿施于人"如出一辙。在人与人之间的沟通中，共鸣始终扮演着重要的角色。事实上，当我们站在对方的角度，同情、理解、关怀对方，接受对方的内在需求，并感同身受地予以满足，就可以产生共鸣，从而赢得对方的好感。

保险员李小姐一进门便开门见山说明来意："王先生，我这次是特地来请您和太太及孩子投人寿保险的。"可是，王先生却异常反感地说："保险是骗人的！"李小姐并没有生气，微笑着问道："噢，这还是第一次听说，您能跟我说说吗？"王先生说："假如我和太太投保三千元，这三千元现在可买一台兼容电脑，二十年后再领回的三千元，恐怕连电视机都买不到了。"李小姐又好奇地问："这是为什么呢？"王先生很快地回答："一旦通货膨胀，物价上涨，就会造成货币贬值，钱就不经花了。"通过这样的问话，李小姐对王先生内心的忧虑已基本了解。

李小姐首先维护李先生的立场："您的见解有一定的道理。假如物价急剧上涨二十年，三千元不要说黑白电视机买不了，怕只够买两棵葱了。"李先生听到这里，心里很高兴。但接着，精明的李小姐又给他解释了这几年物价改革的必要性及影响当前物价的各因素，进一步分析我国政府绝对不会允许旧社会那样通货膨胀的事情发生,并指出以王先生的才能和实力,收入可望大幅度增加。说也奇怪,经李小姐这么一说,王先生开始面带笑容,相谈甚欢,当然李小姐最终获得了成功。

李小姐成功的秘诀就在于先是站在对方的立场来思考,设身处地,洞悉对方的心理需求,再进行引导,最终说服了王先生。由此可见,灵活地制造出共鸣能够有效影响对方的心理,而站在对方的角度思考问题,与对方实现内心的对话,又能产生心理共鸣。

卡耐基认为,当我们与他人意见有分歧的时候,会自觉地想到"如果我是你,我该怎么做",其实这就是站在对方的角度看问题。当我们了解到对方的心理,然后再迎合其心理,那自然就会赢得对方的好感,从而获得社交正能量。

在日常交际中,如何才能制造出"站在对方的角度看问题"的氛围呢?

1."你的话有一定的道理……"

当对方表露出与自己全然不同的想法时,你应该说"你的话有一定的道理……"并通过语言分析强化对方想法的正确性,站在对方的角度,再进行积极引导,就可以制造出共鸣了。

2."如果我是你,我也会这样做"

汽车大王福特说:"假如有什么成功秘诀的话,就是设身处地替别人着想,了解别人的态度和观点。"于是,当对方说出自己的决定时,我们应该强调对方这种做法的合情合理性,了解对方当时的心理矛盾，以感同身受影响其心理，再巧妙地说服对方。

3."咱们都是一家人……"

当你仔细观察对方身上所具备的特征之后，你会发现你们之间其实也有许多相同点，而此时需要的就是传递出"咱们都是一家人……"这样的信息，以制造共鸣。比如"张先生，我也姓张，咱们五百年前可是一家人啊""王姐，您也是东北人啊，真是太巧了，我也是东北的"。

4."同是天涯沦落人"

相同的经历会有相同的感受，相同的感受自然会惺惺相惜，我们要巧妙地以此制造出共鸣感。比如"你以前在广州工作过？我早些年也在广州工作过""李姐，咱们做女人真是不容易啊，既要照顾家庭，又要照顾孩子，生活压力真大啊"，以此来影响其心理，达到说服对方的目的。

学会真诚地赞赏他人

卡耐基认为，每个人都喜欢听赞美的话，谁也不能免俗。这是因为每个人都有一种渴望被尊重的心理需要，而赞美会使对方这样的需要得到极大满足。爱听好话是人的天性，俗话说："良言一句三冬暖。"赞美他人意味着认定对方的价值，这时候，对方通常都会喜不自胜，极易动心，而在这样的心理基础上，你再提出自己的请求，对方自然就会爽快地答应下来。卡耐基认为，对方心理上的亲和，实际上就是接受你意见的开始，同时也是转变其态度的开始。由此可见，要想发挥社交正能量，就应该给予对方真诚的赞美，而这样朴素真诚的赞美在任何时候都能打动人心。

卡耐基曾讲述了这样一个故事：

日本加藤清正家的老臣饭田觉兵卫是一位勇猛又擅长军略的武将，但在加藤清正死后，宗族被追加了爵位，觉兵卫却从此辞官，并在京都过着隐居的生活。有一次，他对别人说："我第一次在战场上建功时，也同时目睹了许多朋友因战殉职。当时我心想，这是多么可怕的事情，我再也不想当武士了。可是，当我回到营里，加藤清正将军夸赞我今天的表现，随后又赐给我一把名刀。这时，我不想当武士的念头被打消了。后来每次上战场，我总是有'不想再当武士'的念头。可是每次回到营里，总又会受到夸赞和奖赏。周围的人，都以钦羡的眼光看我。所以，我的决心一次次地动摇，总是没能达成，也就一直服侍清正公。现在想来，清正公真是巧妙地利用了我。"

即便是饭田觉兵卫这样英勇的士兵在面临战争时也会害怕，心中也会有不想当武士的念头。但是在加藤清正的赞美之下，饭田觉兵卫被打动了，并把自己的一生都贡献给了国家。

加藤清正的高明之处在于，通过对武士的真诚赞美，让饭田觉兵卫这样一个忠勇的部下心甘情愿为其效力。

科劳德是毕加索的小儿子，他的母亲弗朗索瓦兹·吉洛特非常喜欢绘画，一进画室便不希望被人打扰。一次，儿子想让妈妈带他出去玩，可吉洛特已全身心投入到绘画上，听到敲门声和儿子的喊声，只是回应了一声"哎"，之后接着埋头作画。过了一会儿，儿子又说："妈妈，我爱你。"可得到的回应也只是："我也爱你呀，我的宝贝儿。"却并没有打开门。儿子又说："我喜欢你的画，妈妈。"吉洛特高兴了，她答道："谢谢！我的心肝，你真是个小天使。"可是仍然没有开门。儿子又说："妈妈，你画得太好看了。"这时吉洛特停下笔，却没有说话也没有动。儿子又说道："妈妈，你画得比爸爸画得还好。"听了这话，妈妈把门打开了，答应和儿子一起出去玩。

刚开始的时候，无论儿子怎么央求，妈妈都不为所动，可当儿子说出"妈妈，你画得比爸爸画得还好"这样的赞美之词时，妈妈的心被打动了。虽然吉洛特的画自然比不上绘画艺术大师毕加索的画，但儿子的那句赞美却说到了她的心里，让她怎么拒绝呢？

卡耐基认为，赞美对方是一种有效的情感投资，而且投入少、回报多，这是一种非常符合经济原则的行为方式。赞美同事，会令同事更乐意为你整理文件；赞美上司，会令上司更加重用你；赞美下属，会使其更加乐意为你效劳。真诚的赞美，容易打动对方，会令对方获得心理上的愉悦。当然，要想对方帮你办事、为你效劳，就要发出真诚的赞美，只有真诚的赞美才有感染力，如果你只是虚情假意或者讽刺挖苦，对方不仅不会帮助你，反而会厌恶你。真诚朴素的赞美是发自内心的，是心灵的呼唤，只有真诚的赞美才能收到好的效果，才能使对方受到感染，愿意伸出援助之手。

1.适时给对方一顶高帽

在日常应酬中，需要适时给对方戴上高帽子，比如"最近你的皮肤变白了""最近你的工作表现得很优秀"，从心理上打动对方，令对方心情愉悦，之后再提出自己的要求，大部分情况下都不会被拒绝。

2.从细微之处赞美对方

虽然每个人都有一些公认的优点或长处，但为了体现自己的"特别关注"，我们应该尽量从细微之处赞美对方，令其产生被重视、被尊重的感觉。比如"你这衣服真好看""只错了一点点，你就重新写了一遍，真认真啊"，这会令对方有意外之喜。

3.肯定对方

当我们在肯定对方的时候，实际上就是暗示对方具备某种能力。对方就会按照这种能力要求自己，其行为最终也会达到你所期望的目标。

舍得把利益让给他人

卡耐基说：舍得，既是一种做人做事的艺术，也是一种处世的哲学。舍与得之间，既对立又统一，是相辅相成的一对。在这个世界上，因为万事万物均有舍与得，所以世界才达到了和谐统一。若把握了舍与得的机理与尺度，就等于把握了人生的钥匙和成功的机遇，这就是舍得定律。当我们舍得给他人甜头的时候，我们自己也能感受到生活的甜蜜。对于交际中的一些冲突或矛盾，如果我们能敞开心扉，舍得把利益让给他人，那么定会赢得他人的钦佩，而我们自己也会感到欣喜。

曾听卡耐基讲述了一位美国总统的故事：

小男孩从小生活在一个贫穷的家庭里，为了谋求生活，他不得不上街乞讨。在大街上，有人给小男孩1美元和10美元，让他选择拿哪一个，小男孩不语，默默地接过1美元，看也不看那10美元。人们都觉得小男孩心地善良，不好意思多拿人家更多的钱。后来，有人故意拿1美元和10美元，让小男孩选择，小男孩还是只拿1美元，不拿10美元。

渐渐地，这个只要1美元而不要10美元的傻男孩的名声传出去了。于是，人们纷纷拿出1美元和10美元来让小男孩选择，但是，小男孩始终只拿1美元，不拿10美元。越来越多的人拿着1美元和10美元放在小男孩面前，大多数人的目的在于取笑这位只选择1美元的傻瓜。后来，有个人一口气10次拿着1美元和10

美元让小男孩选择，每一次小男孩都选择1美元。这个人好奇地问小男孩："你为什么分10次拿我的1美元，而不一次拿我的10美元呢？"小男孩只是静默不语。但是，如果还有人拿着1美元和10美元让他选择，他依然会毫不犹豫地选择1美元。

后来，家里人问小男孩："你到底为什么只要人家1美元，而不要人家10美元呢？"小男孩回答："我要是拿人家10美元的话，我就跟其他乞丐一样了，这样，人家也就不会故意拿钱给我选择了。"

聪明的小男孩舍得了暂时的甜头，而获得了长期源源不断的1美元利益。或许，人们都会认为这个小男孩很傻，其实，这才是一种明智的选择。后来，这个小男孩成了美国总统，因为他懂得舍得，所以获得了人生的成功。

卡耐基这样阐释"舍得"：人就是一个有趣的平衡系统，当自己的付出超过所得到的回报时，内心就会取得某种心理优势；相反，当所得到的回报超过了自己付出的劳动，就会陷入某种心理劣势，这也就是交际场上的正能量。

1.赠人玫瑰，手有余香

乔治·艾略特说："如果我们想要更多的玫瑰花，就必须种植更多的玫瑰树。"生活的本质在于你如何看待它、如何对待它。智者永远不会对他人期望太多，因为他懂得：自己如何对别人，别人就会如何对待自己，如果想与他人维持良好而长久的人际关系，就应该学会舍得，敞开自己的胸怀，走进别人的心灵，把甜头给别人，自己终会获得一种甜蜜。

2.有舍才有得

每个人在这个世界上，既没有无缘无故的获得，也没有无缘无故的失去。大多数人习惯以物质上的不合算来换取精神上的超额快乐，这时候看似占了很大的便宜，实际上却在不知不觉中透支了精神的快乐。把甜头给别人，自己也会感受到其中的智慧。

第三章

友好交往，在人脉圈中传递正能量

无谓的坚持，只会削弱自己的正能量

卡耐基曾告诫我们：有时候没必要做一些无谓的坚持，这样只会不断地削弱自己的正能量。而柏拉图也曾说："有些人的遗憾莫过于坚持了不该坚持的，而放弃了不该放弃的。"坚持，是一个鼓动人心的词，每每在我们不能继续的时候，头脑中就会冒出"坚持"这个词。但是我们何曾想过，所有的坚持都有用吗？实际上，我们并不明白，有些坚持是无谓的，甚至理智的放弃比无谓的坚持更明智。卡耐基认为，有的人在坚持着，并且很执着，但他能坚持到什么时候，为了什么坚持，却不得而知。当我们的坚持已经达到一定限度的时候，事情的结果却不遂人愿，这时候我们就应该反思了：这样的坚持有用吗？如果坚持下去没有结果，那不妨选择放弃，另寻捷径以达到目的。

卡耐基曾讲了马嘉鱼的故事：

马嘉鱼很漂亮，银色的皮肤，燕尾，大眼睛，平时生活在深海中，春夏之交溯流产卵，随着海潮游到浅海。渔人捕捉马嘉鱼的方法挺简单：用一个孔目粗疏的竹帘，下端系上铁浮，放入水中，由两只小艇拖着，拦截鱼群。马嘉鱼的"个性"很强，不爱转弯，即使闯入罗网之中也不会停止，所以一条条"前赴后继"陷入竹帘孔中。孔收缩得越紧，马嘉鱼就越怒，瞪起眼睛，更加拼命往前冲，结果被牢牢卡死，为渔人所获。

在生活这张大网中，我们何尝不是那一条条马嘉鱼呢？我们总是一边抱怨人生越走越窄，看不到希望，一边又坚持一些无谓的东西，习惯在老路上继续走下去，结果，我们有了跟马嘉鱼一样的命运。

2004年雅典奥运会，刘翔以12秒91的成绩夺冠，成为亚洲第一位田径直道项目奥运冠军。2007年国际田联大奖赛洛桑站，刘翔以12秒88的成绩打破世界纪录。大家都把目光聚焦在这个"飞人"身上，把所有的希冀都投向了2008年的北京奥运会。

然而，在2008年8月18日，北京奥运会男子110米栏预赛，"飞人"刘翔在出场之后突然宣布退出比赛。作为卫冕冠军、中国田径最大夺金点，刘翔退赛令人唏嘘。在很多人看来，这个"黑色8·18"突如其来，因为人们一直看好刘翔卫冕成功。就在比赛的前几天，还有关于他训练中跑出12秒80的传闻。

事实上，刘翔退赛并不突然，至少有一些先兆。从年初冬训，刘翔腿部肌肉就出现不适。经过一系列调整后，他参加了两站室外比赛，都拿到冠军，但是成绩并不理想，最后一次仅跑出13秒18。然而这两站比赛进一步加剧了刘翔腿部的不适，之后"飞人"放弃了美国的两站比赛。对于跨栏运动员来讲，臀大肌和起跨腿的脚踝是最容易受伤的地方，刘翔也是因为踝伤上演了退赛一幕。应该说，这是刘翔近几年来成绩最糟糕的一年。不过，刘翔本人对于退赛看得很开，他说："每个人都会碰到挫折，只是我之前的道路一直都比较顺利，没有碰到过，所以大家觉得比较严重。我觉得我很快就走了出来，人生总有起伏，不可能一帆风顺。"

虽然在万众瞩目的情况下宣布退赛难免会让人扫兴，甚至有的人还发出了唏嘘之声。但是，如果当时的刘翔选择了继续坚持，那只会给自己的身体造成更大的伤害，或许我们就再也见不到"飞人"的光彩了。可见，他及时地做出退赛是为了积蓄力量，修养身体，为下一次的比赛做好准备。这样一来，我们就很理解他当时的举动了。正如刘翔所说"人生总有起伏，不可能一帆风顺"，正是这个坚强的小伙子懂得不做无谓的坚持，才能在复出后再创辉煌的战绩。

卡耐基认为，凡事都坚持的人其实是钻牛角尖的人，他们对生活太过较真、太固执，总是一条路走到黑，结果却是毫无所获。对此，我们要明白，有些坚持是无谓的，应该适可而止，不需要太过执着。

1.理智的放弃比无谓的坚持更明智

为什么说有些坚持是无谓的，那是因为继续坚持下去也不会有任何希望，只是在浪费更多的时间和精力而已。这样的坚持就是无谓的，面对这样的情况，当然是理智的放弃才是最明智的选择。

2.生活需要我们适时改变方向

不知道你有没有注意到我们脚下的马路，你是否观察到没有一条路的方向是既定不变的，在遇到高耸山脉的时候，它也总是绕道而行，这样既节省了人力，也方便了人们。在不同的马路之间，总会有交叉的时候，那意味着你可以换一个方向。其实，这跟生活一样，也需要我们适时改变方向，这样才能找到生命最灿烂的美丽，才能展现出自我的价值。

跳出框框，不再钻牛角尖

卡耐基曾讲了这样一个故事：一个人抓了一对跳蚤，放在一个木头箱里。最开始的时候，跳蚤不断地往上跳，但多次撞到盖子之后，跳蚤再也不敢往上跳了，只好在箱子中间跳。因为它们认为，往上跳就会碰到头。后来，这个人把箱子的盖子拿开之后，跳蚤虽然可以轻而易举地跳出来，但它们依然在箱子中间跳，始终也没跳出来。因为无法跳出框框，所以没办法创造正能量。

很多人也跟这些跳蚤一样，总是生活在这样的框框之中。有的人活在年龄的框框中，总是认为"我太年轻了，没有经验，不能成功"或"我太老了，已经没有力量去拼搏了"。其实，这些人之所以过着毫无生气的人生，就是因为他们没能跳出年龄的框框。还有的人活在能力的框框中，他们总是对自己说："我没有这个能力，没有那个能力，所以我不能做到。"

有的人活在性别的框框中，总是对自己说："我是女人，不像男人可以干事业，所以我做不到。"有的人活在过去的经验中，总对自己说："我没经验，我以前失败过。"如果我们对自己人生的某些地方不满意，那一定是受到了某些框框的限制，你只有跳出框框，不再钻牛角尖，才会创造出属于自己的正能量。

　　章鱼的体重可达几十公斤，身躯巨大，但整个身体却非常柔软，柔软到几乎可以将自己挤进任何一个想去的地方。令人神奇的是，它竟然可以穿过一个银币大小的洞。因而，一些渔民掌握住了章鱼的这一特点，便将小瓶子用绳子串在一起沉入海底。章鱼一看见小瓶子，都争先恐后地往里钻，不管这个瓶子有多么小、多么窄。

　　结果，这些在海洋里横行霸道的章鱼，就成了瓶子里的囚徒，成了渔民的猎物，最后成了人们餐桌上的一道美味。

　　整个海洋异常宽阔，章鱼却偏偏要向一个瓶子里钻，最终丢掉性命。也许，你会嘲笑章鱼的愚笨，但实际上，生活中的我们在很多时候都会像这只章鱼，不懂得跳出思维的框框，最后导致失败。

　　麦克在20岁左右的时候，梦想着能成为一个培训师，但他想到自己才20岁，就认为自己不可能成功。因为至少要等自己40岁以上才会有人听自己演讲。由于一直这样给自己设定框框，他也就一直没能成为一个培训师。等他到了40岁的时候，才发现时间是不等人的。这时麦克先生决定跳出"年龄"这个框框，大胆突破，以个人的经历进行职业生涯规划的培训并巡回演讲，开发出自己的潜能，结果改变了人生。

有一次，麦克先生在一个单位进行一个商务礼仪方面的培训，一位叫杰克的学员参加了他的课，他问麦克先生："老师，我的梦想也是当培训师，但是我做不到。"麦克先生问道："为什么？"杰克回答："因为我刚20岁，你们这些培训师都40岁了，经验、经历丰富，我是不是年纪太小了。"当时麦克先生听了很惊讶，但他还是教导这个年轻人："其实是你把自己设定在框框当中，而跳不出框框，也就达不到自己想要的结果。你年轻充满活力与朝气，这就是优势，世界第一名演说家安东尼罗宾23岁就成功了。"后来，经过麦克先生的指导，那位学员不但跳出了年龄的框框，而且很快开始行动，现在已经是一位管理顾问公司的负责人了。当然，听到这样的消息，麦克先生感到很欣慰。

每一个平凡人的成功，都是源于他勇于突破框框，向原本认为自己不能做的事情发起挑战，这样才有了登峰造极的机会。其实，每一个人在生命的旅程当中都有一些框框，那些框框就好像一条条绳子，紧紧地禁锢着我们自由的心灵。因为固执、较真，我们总认为自己难以跳出框框，所以才造就了失败的命运。

王国维在《人间词话》里说："诗人对于宇宙，须入乎其内,又须出乎其外。入乎其内,故能写之。出乎其外,故能观之。入乎其内,故有生气。出乎其外,故有高致。"这几句简单的话给予了我们最好的启示:不管是做人还是做事,都需要懂得创新,不能太死板,也不能拘泥于某个地方,而要跳出思维的框框,创造正能量。

卡耐基认为,当我们在处理一些问题的时候,绝大多数人都因循守旧,习惯性地按照常规思维去思考,由于不懂得变通又太死板所以最终走向失败。而如果我们能大胆跳出这个框框,那么就会发现在"山重水复疑无路"之后,你会迎来"柳暗花明又一村"的境况。

1.跳出框框

框框会扼杀创造性思维、解决方案和创造力,它是外部环境强加给我们的。一位禅宗大师说:"跳出框框的指南就写在框框之外。"有时候,束缚我们的框框是我们自己创造的,所以也只有我们自己才有力量挣脱束缚,给心灵一个自由的空间。

2.相信自己

那些不敢跳出框框、在框框里徘徊的人,其实大多是比较自卑的人,他们不愿意相信自己有能力去做成一些事情。因此,他们只能在框框里忍受被禁锢的痛苦,却没勇气跳出来。当然,跳出框框的勇气来源于自信,只有充分地相信自己,才有力量和决心跳出框框,否则只会终生徘徊在框框里。

学会释怀,不要追逐不属于自己的生活

卡耐基认为,生活是自己过,而不是给人看,别人生活的标准可能并不真的适合自己。追求属于自己的生活,我们才能获得源源不断的正能量。因为生活的幸福和快乐是内心的一种感觉,如果只是迎合别人的取向,难免会苦了自己。那些苦苦追求不属于自己生活的人,他们与自己的心灵对峙着。换言之,他们总是钻牛角尖,将别人的生活当成是自己生活的标准,越是不属于自己的,越是硬要去尝试,于是在羡慕嫉妒的过程中,浑然忘记了自己原本美好的生活。卞之琳说:"你在桥上看风景,看风景的人在楼上看你。"其深层含义在于,我们每个人都把别人当作风景,而在别人眼中,自己何尝不是一道美丽的风景呢?所以,不要去追求不属于自己的生活,而要学会对自己的生活释怀,因为适合自己的生活才是幸福快乐的生活。

在《伊索寓言》里记载了这样一个小故事:

一只来自城里的老鼠和一只来自乡下的老鼠是好朋友,有一天,乡下老鼠写信给城里的老鼠说:"希望您能在丰收的季节到我的家里做客。" 城里的老鼠接到信之后,高兴极了,便在约定的日子动身前往乡下。到了那里之后,乡下老鼠很热情,拿出了很多大麦和小麦,请城里的好朋友享用。看到这些平常的东西,城里的老鼠不以为然:"你这样的生活太乏

味了！还是到我家里去玩吧，我会拿很多美味佳肴好好招待你的。"听到这样的邀请，乡下老鼠动心了，于是跟着城里老鼠进城了。

到了城里，乡下老鼠大开眼界，城里有好多豪华、干净、冬暖夏凉的房子，它非常羡慕，想到自己在乡下从早到晚都在农田上奔跑，看到的除了泥土还是泥土，冬天还得在那么寒冷的雪地上搜集粮食，夏天更是热得难受，这样的生活跟城里老鼠比起来，自己真是太不幸了。

可是当它们爬到餐桌上享用各种美味可口的食物时，突然，"咣"的一声门开了。两只老鼠吓了一跳，飞也似的躲进墙角的洞里，连气也不敢出。乡下老鼠看到这样的势头，想了一会儿，对城里老鼠说："老兄，你每天活得这样辛苦简直太可怜了，我想还是乡下平静的生活比较好。"说罢，乡下老鼠就离开城市回乡下去了。

显而易见，这个故事的寓意在于：适合自己的生活方式并不一定适合别人；同样，适合别人的生活方式也不一定适合自己。因此，如果自己当下生活得还不错，那就过好属于自己的生活，不要去追求别人所定义的生活。我们应该明白，别人的快乐和幸福不见得适合自己。

有人说："追求幸福的人分两种，一种是追求属于自己的幸福，一种是追求属于别人的幸福。"前者懂得定义属于自己的幸福，而后者只是追逐他人定义的幸福。在生活中，我们何尝不是这样呢？当一个人过着属于自己生活的时候，正能量才会被体现出来；而那些只是追逐别人定义的幸福的人，只会在痛苦中喘息，不断被负能量所困扰。

有时候，我们生活得并不如意，若是问为什么，我们的回答却是："我没有达到某种生活的标准。"我们总是听别人说，有了房子才有安全感，于是就为了别人所定义的"安全感"背上了一二十年的债务，节衣缩食心不甘、情不愿地当起了房奴；我们总是听别人说，在高级餐厅里约会才是最浪漫的，于是我们就将这当成一种美好生活的向往，宁愿吃方便面也要勒紧裤带去潇洒一次；我们总是听别人说，没去过健身房就不够时尚前卫，于是我们就赶紧去健身房报名，学那些自己并不感兴趣的课程，只是为了达到别人所定义的"幸福生活"。但那些生活真的属于自己吗？为什么即便我们达到了那样的生活标准还是不快乐呢？究其原因，就在于我们习惯钻牛角尖，总是一味地追求那些不属于自己的生活，就好像我们穿着不合尺寸的衣服，不是太大，就是太难看。

1. "完美"的生活不一定快乐

我们总是向往着这样的生活：条件优秀的老公、可爱的孩子、宽大的房子、豪华的轿车、稳定的工作。在我们看来，似乎"完美"的生活才是最幸福快乐的，其实不然。适合自己的才是最好的。所以，放下对别人生活羡慕嫉妒的眼光，放下内心的固执与较真，学会营造自己的生活，享受自己的快乐与宁静。

2.追求属于自己的生活

看似稚拙的文字，仔细品味却是大道理。生活也是因人而异的，我的生活在你眼里并不一定是好的，你的生活我也不一定认同。很多时候我们之所以不快乐，就是因为我们总是与自己较真，没有按照自己喜欢的方式去生活，而是在不经意间迎合别人的要求，刻意改变，违背内心真实的想法。所以，放下那些所谓的"标准意义的生活"，按照自己真实的想法去追求生活吧！我们应该记住，真正能让自己快乐的是自己的内心而非别人的眼光。

懂得适时回旋的人才能创造积极的正能量

卡耐基认为，只有不断地前进才能获得成功。但是，他更认为生活本来就是起伏不定的，如果你一直向前走，不愿意留给自己一个回旋的空间，那很有可能会钻进一条死胡同，从而被负能量围困，而这样的情况自然是难以成功的。不过，大多数人并不懂得这个道理，他们只会一个劲儿地向前冲，有一股头撞南墙也不回头的势头。虽然，我们欣赏这样的决心，但并不赞赏这样的行为，如果在前进的路途中，我们没能给自己留下一个回旋的空间，就犯了孤注一掷的错误，结局往往是悲惨的。人们总是觉得在前进时若是选择退却，那就意味着放弃、意味着软弱、意味着失败,实际上这样的理解是错误的,那些懂得适时回旋的人才能创造积极的正能量,才能铸就人生的波澜起伏,才能绽放人生本来无尽的绚丽多彩。坚持是我们所需要的正能量,但适时退却,为自己寻找一个回旋的空间也是人生中不可或缺的大智慧。

卡耐基曾讲了这样一个故事:

克里斯朵夫·李维以主演《超人》而蜚声国际影坛,但1995年5月在一场激烈的马术比赛中,他意外坠马,成了一个高位截瘫者。当他从昏迷中苏醒过来时对大家说的第一句话就是:"让我早日解脱吧。"出院后,为了让他散心,舒缓肉体和精神的伤痛,家人推着轮椅上的他外出旅行。

有一次,汽车正穿行在蜿蜒曲折的盘山公路上,克里斯朵夫·李维静静地望着窗外,他发现,每当车子即将行驶到无路的关头时,路边都会出现一块交通指示牌:"前方转弯!"而转弯之后,前方照例又是柳暗花明,豁然开朗。山路弯弯,峰回路转,"前方转弯"几个大字一次次冲击着他的眼球,他恍然大悟:原来,不是路已到尽头,而是该转弯了。他冲着妻子大喊:"我要回去,我还有路要走。"

从此,他以轮椅代步,当起了导演。他首次执导的影片就荣获了金球奖。他还用牙咬着笔,开始了艰难的写作。他的第一部书《依然是我》一问世,就进入了畅销书排行榜;同时,他创立了一所瘫痪病人教育资源中心,还四处奔走为残疾人的福利事业筹募善款。

美国《时代》周刊曾以《十年来,他依然是超人》为题报道了克里斯朵夫·李维的事迹。在文章中,李维回顾他的心路历程时说:原来,不幸降临时,并不是路已到尽头,而是在提醒你该转弯了。

如果克里斯朵夫·李维总是怀着"让我早日解脱"的信念生活,那估计他的余生会在抑郁中了结,而世界上也缺少了一个好演员。当然,这只是如果,就好像克里斯朵夫·李维自己所说:"原来,当不幸降临时,并不是路已到尽头,而是在提醒你该转弯了。"当前面已经是死胡同了,为什么不选择退一步,给自己找一个休憩的地方呢?只要重新燃起信念之火,我们就可以开辟出一条新的道路来。

康多莉扎·赖斯出生于1954年11月14日。素有"神童"之誉的她,从小就跟着当小学音乐教师的母亲弹钢琴,4岁时就开了第一场独奏音乐会。她不但学习成绩极其出色,跳了两次级,而且还把网球和花样滑冰玩得特别出色。16岁时,她就进入了丹佛大学音乐学院学习钢琴,她的梦想是成为职业钢琴家。她在音乐方面独具的天赋和他人难以企及的家学,使得似乎没有人能够轻易地否认,过不了几年她就会成为乐坛翘楚。

可是,出人意料的是她打起了"退堂鼓",开始了崭新梦想的破冰之旅。原来在著名的阿斯本音乐节上,她受到了打击。"我碰到了一些11岁的孩子们,他们只看一眼就能演奏那些我要练一年才能弹好的曲子,"她说,"我想我不可能有再演奏的那一天了。"于是,她开始重新设计自己的未来并发现了新的目标——国际政治。"这一课程拨动了我的心弦,"她说,"这就像恋爱一样……我无法解释,但它的确吸引着我。"她从此转而学习政治学和俄语,并找到了她一生追求的事业。

赖斯并没有坚持追随儿时的梦想成为一名钢琴家,而是在大家都看好的情况下选择了"退却",并开始了崭新梦想的破冰之旅。因为她发现自己再坚持下去,也难以取得超越别人的成就,所以果断地选择了放弃,不再固执。在一阵休憩之后,她重新设计了自己的未来,果然,她更适合在政坛发展。如果不是当初决然地舍弃,那么她就不会是现在这样出色的政治家了。

卡耐基认为,正能量的创造在于我们能坚持自己认为正确的方向,保持强劲的信念。假如前方已经没有路,坚持就是毫无意义的,只会给自己带来负能量。因此,他告诫我们,在前进的路途上要学会转弯。

1.学会转弯

当发现前方已经是一条死胡同时,我们就要学会转弯。转弯并不是逃避,也并不是说没有毅力,而是另寻生机。正所谓"天生我材必有用""东方不亮西方亮"。闯入死胡同并不可怕,可怕的是你一直跟自己较真,这样就会因循守旧地继续失败。转弯是为了寻找更好的道路以便前行,使自己尽快到达目的地。

2.不要等头撞南墙才回头

有的人太固执、太较真,他们是不见棺材不掉泪,不撞南墙不回头。在人生旅途中,这样的人总会多走一些弯路,最后也不见得会成功。为什么一定要看到悲惨的结局才放弃呢?在生活中,不要太较真,理智地放弃才是最聪明的做法。当我们发现前方已经无路可走,就要学会退却,选择另外一条路,而不要等自己撞得头破血流才放弃,这是相当愚蠢的。

过分执着,只能陷入死胡同

卡耐基说,执着确实是一种好品质,但过分的执着会束缚自己,会阻碍正能量的爆发。很多时候,过分执着就像是一个魔咒,一点点地禁锢着我们的身心,让我们不达目的誓不罢休,直至撞得头破血流。执着本身是一种可贵的品质,但凡事都要有一定的限度,执着也是一样,适当的执着会体现出我们个人的魅力,同时也可以让问题变得更简单一点。但若是不顾一切地执着,则会不自觉地将自己的身心束缚,导致我们总是放不下,总是不愿意放弃,只是固执地朝着一个方向前进,不管前面是康庄大道,还是死胡同。要知道,这样的坚持是无谓的,如果我们最终闯入的不过是死胡同,这样执着的后果真是可悲。卡耐基认为，虽然对生活执着，是一种坚定的信念；对工作执着，是一种精神寄托；对爱情执着，是一种人生的美丽。但若是应该放手时不放手，就会使自己不堪重负而身心疲惫，甚至有可能走向另外一种悲惨的结局。

王大爷年轻时是村里的支部书记，后来因为工作问题被迫离职了，离职的时候他已经快五十了，在那一瞬间，他觉得生活好像没有了希望，一直不肯承认自己竟然变成了跟隔壁大婶一样的平民百姓，而且觉得自己还是支部书记。当然，他很执着，经常会去政府与上级领导说自己的苦闷，说自己的无所事事，说自己的孩子上学没学费，希望领导帮助自己解决问题。领导无奈："你现在已经离职了，不是干部了，这些事情你自己能解决的就自己解决，自己不能解决的就找你们村里的干部。"王大爷固执地说："我不相信他们，我只相信我自己当干部的能力。"王大爷每次都去政府闹，刚开始大家还看在他是老干部的分上跟他聊聊，但时间长了都清楚了他的脾性，晓得他很执着，于是能躲就躲，能避开就避开。

在平时生活中，王大爷总是对自己被迫离职的事情耿耿于怀，十分较真，在家里动不动就会说："如果我现在还是村里的干部，那村里肯定不是这样子。"家里人都开始厌烦他的唠叨了，老伴没好气地说："你在执着什么？你现在已经离职了，有什么放不下的，有什么解不开的心结？简直是自己折磨自己。"其实，王大爷确实陷入了一个怪圈，他越是执着于自己被迫离职的事情，就越是痛苦，想想之前的辉煌，想想现在的平凡，越想越不是滋味，整日无所事事，搞得自己身心疲惫。

王大爷总放不下内心的执着，因此他过得很痛苦。如果他真的放下了内心过分的执着，以正常的心态回归到一个平民老头的身份，就会觉得生活依然充满阳光。有些事情既然已经发生了，毫无回旋的余地了，那我们就要学会接受，而不是过分执着，这样只会让自己更加疲惫，不如放松身心，给自己一个舒适的心灵环境。

卡耐基认为，有的人活得像小河里的溪水，虽然平静无波，却有顽强的生命力和战斗力，它能够经受暴风骤雨的侵害，也可以坦然面对夏日骄阳的炙烤，从来都不在乎世界会有什么变化。一个人活着也是一样，要有信念，但不能过分执着，不能与生命较真，对生命中的意外和阻挠不必过于强求，而要学会顺其自然。也许这样方能阻止自己生命的脚步过快地到达终点。人的一生就好像花开花落，周而复始，没有什么花是永远不凋谢的。对待上天的安排，我们应该顺其自然，千万不能太过于执着，太较真是一种疼痛、一种心魔，它不断侵蚀我们内心简单的快乐，使我们最后满身疲惫地倒下。

1.适时修葺自己的信念

人生需要有信念，这样生命才有前进的方向。但是，信念只有与自己合拍的时候，才能更好地发挥出引航员的作用。

对此，在人生的路途中，我们要适时修葺自己的信念，让它与自己合拍；对于某些不切实际的想法，我们不应太较真、太执着，而应学会放弃，适时找到适合自己的人生信念，这样我们的生命才会更加绚丽灿烂。

2.与其走向死胡同，还不如适时拐弯

如果我们希望与别人合作，而且已经明确地表达清楚自己的意图，但对方却毫无回应，在这样的情况下，与其继续留下来攻坚，把时间花在啃掉这块硬骨头上，不如转身离去，把精力用来寻找新的目标。每个人做事都有自己的理由，放弃攻坚是对别人的尊重，也是对自己的尊重，更是一种明智的选择。大量事实表明，第一次不能成功的事情，以后成功的概率也是很小的，纠缠下去只会惹人厌烦，与其把80%的精力耗在20%的希望上，不如以20%的精力去寻找新的目标，说不定还有80%的希望。

要想获得成功，必须懂得适时改变

卡耐基认为，学会在前方无路可走的情况下改变，是一种获得正能量的途径。懂得适时改变，这是智者的选择。莎士比亚曾说："别让你的思想变成你的囚徒。"当一个人的思想被禁锢的时候，他已经无法为自己寻找一条生路了。要想获得成功，就必须懂得适时改变，故步自封或一成不变只会将我们推进无法回头的境地。一艘在大海里航行的船只，要想行驶到自己的目的地，那么就应该懂得见风使舵。纵观世间万物，它们因为变通而得以生存：为了适应沙漠的风沙，仙人掌将叶子退化为刺；为了适应西北的狂风，胡杨扎根百米；为了适应海水的动荡，海带褪去了根须。

美国威克教授曾经做过一个有趣的实验：他把一些蜜蜂和苍蝇同时放进了一只平放的玻璃瓶里，瓶底对着有光的地方，瓶口则对着暗处。结果，那些蜜蜂拼命地朝着有光的地方挣扎，最终因力气衰竭而死，而那些到处乱窜的苍蝇竟然溜出了瓶口。对此，威克教授告诉我们："在充满不确定的环境中，有时我们需要的不是朝着既定方向的执着努力，而是在随机应变中寻找求生路，不是对规则的遵循，而是对规则的突破。我们不能否认执着对人生的推动作用，但我们应该看到，在一个变幻莫测的世界里，变通的行为比有序的衰亡要好得多。"

只知道不切实际坚持的蜜蜂最终走向了死亡，而懂得变通的苍蝇却生存了下来。执着与适时改变是两种人生态度，我们不能简单地说谁比谁更适合自己，但是，单纯的执着与改变都是不完美的，只有将两者结合起来才能成功。执着的精神令人敬佩，它可以使我们永远坚持下去，如果这条路是正确的，那自然是最完美的结局；但是，如果这条路根本就是一条死路，无谓的坚持只会断送自己美好的前程，这时候不妨适时变通，丢掉不切实际的坚持，才能看到希望。

著名牛仔裤品牌李维斯的创立，就来源于适时改变的智慧。威廉、约克和李维相约去美国淘金，当他们到达目的地以后，却发现比金子更多的是淘金者。面对这样的情况，威廉决定还是去淘金，过着劳苦而贫困的生活；约克发现了废弃在沙土中的银，开始了自己冶银的事业，很快就成了当地的富翁；李维决定卖耐磨的帆布裤，并加以改造，创造了牛仔裤，创立了世界名牌李维斯。灵活的变通，让约克和李维都获得了成功，而坚持不切实际的想法，让威廉成为一事无成的人。

"按图索骥"这个词语后来用于讽刺那些拘泥不懂得改变的人。池田大作曾说："权宜变通是成功的秘诀，一成不变是失败的伙伴。"在战胜逆境的过程中，最重要的事情就是必须转弯。成功路上，需要我们坚持到底，但若是遇到了挫折与困难，懂得转弯和改变也同样重要，千万不能食古不化，固执己见，否则只会让自己离成功的目标越来越远。

萧伯纳说："明智的人使自己适应世界，而不明智的人只会坚持要世界适应自己。"懂得适时改变，实际上就是以改变自己为途径，当我们改变不了处境时，我们可以改变自己；即使改变不了过去，我们也可以改变现在。在通往成功的路上，我们没有必要那么较真，既然前面的路行不通，那就走路边的小径吧！适时改变并不是背叛"执着"，而是审时度势之后做出的正确选择。在对前途感到茫然的时候，适时改变是一种理智；在误入歧途时，适时改变是一种智慧；在逆境中，适时改变是一种远离苦难的策略。

1.思想不能太顽固

爱默生说："宇宙万物中，没有一样东西像思想那样顽固。"假如我们总是以既定的思维做事，即使闯入了死胡同也要撞得头破血流，那么，最后我们将作茧自缚。思想太顽固，太过于较真，最终只会走向一条没有出路的死胡同。

2.在逆境中，尤其需要懂得适时改变

一个人能否成功，关键在于自己的心态，认识自我，超越自我，但是不能脱离实际，必须合情合理地确定自己的人生目标。而一个人在面对困难时所坚持的信念，要远比任何事情都重要，因为信念将决定命运。身处逆境，我们要懂得适时改变，既需要坚持，也需要适时放弃，因为做事灵活、懂得变通的人，总是能够赢得最后的成功。在逆境中，不切实际的坚持是愚蠢的，这样只会使自己在逆境中僵持得更久。所以面对逆境，我们要懂得适时改变，放弃不切实际的坚持。

第四章

心向阳光，让你的社交之路轻松畅通

消除压力，将负能量从心中释放出去

"人之初，性本善。"人们在最初踏入社会时，都是怀着美好愿望的，都希望自己的能力得到发挥，抱负得以施展。但是，社会的残酷与现实打击了他们最初的信心，正能量的不断消耗，给他们的身心带来了巨大的压力。卡耐基认为，无论是生存压力，还是工作压力，对一个人的情绪都有着重要的影响，一旦压力来袭，情绪就会恶劣，导致容易生气、烦躁，似乎看什么事情都不顺眼，总想痛快地发泄一番。因此，那些给自己压力越多的人，他们心中的负能量也会越多，致使正能量不断消失。

卡耐基的朋友毕特格是美国保险业的顶级推销员，对此，卡耐基曾在《人性的弱点》这本书里讲述了毕特格的故事：

在几年以前毕特格刚开始做保险推销员时，他对这份工作充满了热情。但是，最开始的工作很不容易上手，这使得他十分悲观，信心大受打击，甚至一度想辞去这份工作。不过庆幸的是，在一个星期六的早晨，毕特格努力让自己平静下来，开始反思自己遭受负面情绪困扰的原因。

毕特格首先问自己："究竟出了什么问题？"很多次，当他去多方拜访客户的时候，经常搞得自己身心疲惫，但收效甚微。每次都是与顾客谈得十分融洽，可一到最后的签约环节，客户就会说："你看这样好不好，我再考虑考虑，过段时间再答复你吧。"总是不能爽快答应。每次毕特格都是白费口舌，无功而返，这使得他想起自己的推销经历就十分沮丧。

然后毕特格继续思考："有什么可行的解决办法呢？"为了寻找答案，毕特格开始反思自己的行为，并将过去12个月的工作记录作为研究对象，仔细研究其中的数据。结果令毕特格十分惊讶：在自己所卖出的保险中有70%是在第一次见面时成交的，另外23%是在第二次见面时成交的，只有7%是在他多次回访、多费口舌的情况下签下的合约。不过，让毕特格震惊的是，恰恰是最后那7%耗费了他大部分的时间和精力，他差不多把一半的工作时间都花在那7%上面了。

这样一来，毕特格总结出了有价值的经验：超过两次的拜访是没有必要的，应该将节省下来的时间用于寻找新的客户。于是，减轻了不少内心压力的毕特格开始采用新的方式，结果业绩突飞猛进，平均每次拜访的回报几乎翻了一番。

每天，我们都面临着诸多压力，有可能是事业不顺而造成的工作压力，也有可能是感情不顺而造成的感情压力，还有可能是家庭不和谐而造成的家庭压力，对此，心理学家把这些压力统称为"社会压力"。社会压力会直接转换成心理压力、思想负担，久而久之，就会成为心结。如果这种压力长久得不到有效释放，就会越积越多，并产生巨大的能量，最终像火山一样爆发。导致的结果是，人们的情绪大变，总感觉自己活得太累，每天都不开心，脾气越来越坏，甚至严重者会精神崩溃，做出傻事。面对巨大的社会压力和心理压力，关键在于自我调节、自我释放。

其实，最初每个人都是怀有强劲的正能量的，只是随着社会现状的残酷发展，人们在不断地消耗正能量，从而给了负能量一个可乘之机。

据一项社会调查，那些生活和工作条件良好、受过较高程度教育的城市人，对生活的满意度远远不如农村人，来自生活和工作的压力使他们的生活质量大打折扣。这项调查显示：虽然城市人工作的体力强度、时间都少于农村人，而且更注重健康的生活方式，但是城市人的精神状况却显著差于农村人；同时在调查中，个人工作稳定、收入有保障被列为城市人平日最关心的问题，对工作的极度关注使得许多城市人明显觉得工作压力影响到了个人健康。另外，城市的快速发展和工作的快节奏让许多城市人觉得自己似乎有点力不从心，60%左右的城市人对自己的工作状况并不满意，而且来自家庭以及婚姻的压力也让他们感到焦头烂额。

1.养成良好的作息习惯，营造良好的睡眠环境

在日常生活中，我们需要养成按时入睡和起床的良好习惯，稳定的睡眠可以避免引起大脑皮层细胞的过度疲劳；注意调节室内温度，睡眠环境的温度要适中；在卧室内可以使用一

些温和的色彩搭配，这样，我们在一个良好的环境中自然能够放松心情，顺利进入睡眠，并保证良好的睡眠质量。

2.放松精神，舒缓压力

我们需要缓解自身的压力，比如在睡前可以进行适量的运动，听听音乐，或者是做头部按摩运动来缓解压力；也可以进行短距离的散步。这样可以使身心都放松下来，以舒缓白天受到的社会压力。

3.给自己的压力要适当

压力有助于我们激发更强的斗志，但是，正如任何事情都有一定的度一样，压力过大就会影响到正常的情绪。因此在日常生活中，我们要给自己适当的压力，只要不是太糟糕的事情，都应该学会忘记，这样一来，那些琐碎的事情就影响不到我们了。

用轻松、淡然的心态，将负能量释放出去

卡耐基认为，假如一个人的负能量高于正能量，长时间下去，这个人就会崩溃。在生活中，如果把任何事情都当成一种负担，就有可能生活在压力、痛苦、烦躁和苦闷之中，渐渐地被负能量所围绕；相反，如果把一件事情仅仅当成一种习惯，习惯就会让一个人在潜移默化、不知不觉中成为自己梦想的那

个人。一个人若是背着负担走路，那么，再平坦的路也会让他感到身心疲惫，最终会因为不堪生活的压力而走向不归路。但是，如果我们能平复心绪，试着把那些沉重的负担当成一种习惯，用轻松、淡然的心态去看待问题，心境便会变得澄明，所有的负能量便会缓解，负担也许会变成一种精神上的享受。我们应该记住，当自己被负能量压得喘不过气来的时候，要学会通过正确的途径释放它。

卡耐基曾讲述了关于汉里的一个故事：

在20世纪20年代，汉里因为忧郁症引发了胃溃疡。有一天晚上，汉里发生胃出血，被送到芝加哥西北大学医院附属医院进行急救。在医院，他的体重由175磅急剧降到了90磅。汉里的病情十分严重，以至于医生连头都不许他抬。而且，医生认为汉里的病已经无药可救，他只能靠吃苏打粉、半流质食物维持生命，每天早晚都需要护士拿着橡皮管插进胃里给他洗胃。

这样痛苦的日子持续了好几个月，终于，汉里对自己说："安息吧！汉里，要是除了等死没什么其他指望的话，还不如充分利用你余下的生命做点什么。你不是想在有生之年周游世界吗？那么如果你还有志在此，就趁现在去实现吧！"

当汉里告诉几位医生自己要去周游世界，洗胃的事情他可以自己解决的时候，医生们都大吃一惊。他们警告汉里："绝不可能，这简直是闻所未闻。如果你去环游世界，那只能葬身海底了。"汉里坚持回答："不，决不会。我答应过我的家人，我要葬在尼布雷斯卡州老家的墓地里，所以我打算让我的棺材与我同行。"

于是，汉里真的去买了一口棺材拉上船，然后和轮船公司商定，假如他死了，就把遗体放在冷冻舱里，直至回到家乡。就这样，汉里踏上了多年前就规划好的环球旅程，心里无限感慨。汉里从洛杉矶上了亚当斯总统号向东方航行的时候，就感觉到心胸开阔，病情开始好转。慢慢地，他停止了洗胃，后来他可以吃喜欢的食物，而那些都是之前医生不让吃的东西。在几个星期之后，汉里还是好好的，还抽上了雪茄，喝几杯酒也没事。虽然在旅行的过程中，他在印度洋上碰到了季候风，在太平洋上遭遇了台风，但是他却在冒险中获得了极大的乐趣。

汉里和船员们在船上游戏、歌唱、交朋友，秉烛夜谈。甚至在中国和印度，汉里领悟到了家里的烦心事与在东方见到的贫穷与饥饿问题比起来，简直是天堂与地狱。在那里，汉里把无聊的烦恼都抛到了脑后，感觉人生从来没这样快乐过。等汉里回到美国后，他发现自己体重增加了90磅，甚至差点忘记自己曾经是胃溃疡患者了。在那一刻，汉里觉得自己一生从来没这样健康舒适过，而且从那之后他再也没生过病。

在这里，汉里通过转移注意力去旅行来释放内心的负能量。一个被医生判死刑的人在轮船上，看着一望无际的大海，那种求生的欲望就会涌现出来；再加上汉里本身就是一个性格开朗的人，当心放宽之后，内心的负能量就慢慢消失了，取而代之的是强大的正能量。负能量的释放，可以唤醒人内心最强劲的生命力，使得他所看到的世界都是美好的，在这样美好的世界里，自然是求生的欲望更强烈一些。于是，在医学上被称为奇迹的事情就发生了，有时候并不是医生判你死刑就没法改变，只要你抱有活着的信念，那就一定能战胜心中的负能量，从而有可能战胜病魔。

每个人一生中都会面临两种选择，一是改变环境去适应自己，二是改变自己去适应环境。既然负能量是潜在的，又是无法忽视的，那我们何不积极地改变自己，正确将各种负能量转化为推动自己前进的正能量。当然，假如我们不能把负能量转化为正能量，那也需要想办法创造正能量，这样才能面对真实的自己。

1.通过正确途径释放负能量

那些因负面情绪积聚而成的负能量就好像一颗毒瘤，如果任其发展，它就会越长越大，甚至影响到我们的身心健康。对此，我们要积极寻找正确的途径释放负能量，比如转移注意力，让自己的生活变得忙碌起来，积极创造正能量以消耗负能量等。

2.负能量只有得到了合理的释放，才能转化为正能量

有些人对心中存在的负能量选择逃避的方式，以为逃避了就可以创造出正能量。其实，如果你没有对负能量进行合理的释放，那它随时都会影响正能量的创造，而只有将潜在的负能量释放了，才能将其间接转化为正能量。

嫉妒是无能的表现

法国科学家拉罗会弗科曾说:"嫉妒是万恶之源,怀有嫉妒心的人不会有丝毫同情心。"而心灵导师卡耐基也认为,嫉妒是心灵的地狱,喜欢嫉妒的人总是拿别人的优点来折磨自己,有可能是嫉妒他人的年轻,有可能是嫉妒他人的长相,有可能是嫉妒他人的才学……正如一句谚语所说:"好嫉妒的人会因为邻居的身体发福而越发憔悴。"嫉妒,是毒害纯洁感情的毒药,是吞噬善良心灵的猛兽,是丑化面容的黑斑,它源于内心负能量的滋长,源于心中的狭隘与不自信。其实,嫉妒是无能的表现,因为自己不能达到对方的高度,不能获得对方的荣誉,只好用嫉妒心理来维护自尊。

有一个人,他十分嫉妒自己的邻居。邻居越是生活得快乐,他就越是感觉到不快乐;邻居生活得越好,他就越是痛苦。每天,他都盼望着邻居倒霉,希望邻居家着火,或者希望邻居得了什么不治之症,或者希望雨天打雷能劈死邻居家一两个人,或者希望邻居的儿子夭折……不过,令他痛苦的是,他每天看到邻居的时候,邻居总是活得好好的,而且面带微笑与他打招呼。因此,这个人的心里更加痛苦,恨不得给邻居的院子里扔一包炸药,把邻居炸死,但是心中又害怕自己会偿命。就这样,他每天折磨自己,吃不下,睡不着,心中无比痛苦,身体也日渐消瘦。

有一天，他决定给邻居制造点晦气。这天晚上，他在花圈店买了一个花圈，然后偷偷地给邻居家送去。当他走到邻居家门口的时候，却意外地听到里面有人在哭，这时，邻居正好从屋里走了出来，看到他送过来一个花圈，忙说道："这么快就过来了，谢谢！谢谢！"原来，邻居的父亲刚刚过世。这人感到十分无趣，"嗯"了一声就走了出来。

由于嫉妒，他将自己置于一种心灵的地狱之中，折磨着自己，最后却一无所得。嫉妒既害人又害己，嫉妒者本身的流言、恶语、陷害、造谣等，往往会给他人造成巨大的伤害；对自己来说，嫉妒伤身又伤心，嫉妒者总是把时光用在阻碍和憎恨别人身上，而不是潜心于自己的心灵修炼。所以，嫉妒不仅折磨被嫉妒者，也危害嫉妒者本人。如果你心中常怀嫉妒之心，就需要正视它，不断地反省自己，改善自己的品行。

卡耐基认为，嫉妒之源其实是内心负能量的滋长，诸如喜欢比较、贪慕虚荣等。嫉妒的人一定是自私的，而自私的人肯定是有着嫉妒心理的，嫉妒和自私就犹如孪生兄弟，彼此不可分割。如果一个人不自私，不存在狭隘的心理，那么，他是不会对他人充满嫉妒之心的。因为嫉妒，他不希望别人比自己优越；因为自私，他总是想剥夺别人的优越。喜欢嫉妒的人从来不说好话，因为他们狭隘的心里容不下别人的长处，只能以说别人的坏话来寻求一种心理上的满足。在生活中，喜欢嫉妒的人是没有朋友的,因为他把所有比自己强的人都视为敌人,又瞧不起那些比自己弱的人。

我们可以清晰地发现,嫉妒心理是具有等级性的。也就是说,只有处于同一竞争领域的两个竞争者才会有嫉妒心理和嫉妒行为。通常情况下,人们只会嫉妒与自己处于同一竞争领域的比自己表现优越的人,而不会嫉妒与自己不在一个领域中的人。周瑜嫉妒诸葛亮,也是因为诸葛亮与自己处在同一个领域,而且能力比自己强;而他不会去嫉妒与自己并不处于同一领域的,如曹操、孙权。

1.嫉妒是一种可怕的负能量

曹丕嫉妒曹植,最终留下了把柄:"煮豆燃豆萁,豆在釜中泣。本是同根生,相煎何太急。"不自信以及内心的狭隘,常常使我们的嫉妒心理越加严重,若不及时抽身,反而会被嫉妒所吞噬。古人曰:"欲无后悔须律己,各有前程莫妒人。"好嫉妒的人往往自私、自大而狭隘,总想高人一等,容不下比自己强的人,看到周围的人超过了自己,要么尽力贬低对方,要么就设法陷害对方。

2.正确认识自己,扬长避短

那么,如何才能冲出嫉妒的黑网呢?我们应该正确认识自己,看到自己的优点,尽早从病态的自尊心和自卑感中解脱出来,正视自己与他人之间的差距,与其嫉妒别人,不如学习别人的长处。这样,思想解脱了,心灵才会从嫉妒的黑网中解脱出来。所以，要学会正视自己，扬长避短，努力冲破嫉妒的黑网，重新走向豁达广阔的天地。

正视自己的嫉妒心，从而有效地释放负能量

卡耐基认为，嫉妒是一种可怕的负能量。好嫉妒的人，不能容忍别人的快乐与优越，在嫉妒心理的驱使下，他们会用各种方式去破坏别人的快乐与幸福，有的人用会流言蜚语来恶意中伤他人，有的人用打小报告来排挤对方。好嫉妒的人，心理既自卑又阴暗，几乎享受不到阳光的美好，也体会不到生活的乐趣。实际上，在我们每个人身上，或多或少都会存在嫉妒心理，要想避免，就应该学会正视它，才能挖掘出自己的"失败点"。嫉妒心理是人的一种普遍心理，但嫉妒心理的出现并不是不可避免的，我们可以将嫉妒心理所带来的危险系数降到最低，而我们所需要做的第一件事就是"正视自己的嫉妒心"，从而有效地释放负能量。

从前，有一位贫穷的农夫，他有一位非常富有的邻居。邻居有一个很大的院子，有一栋非常漂亮的房子，还有一辆漂亮的马车。为此，农夫对邻居十分嫉妒，心想："他一个人住那么大的房子，可我呢？一家五口人挤在一个小草房里，上天真是太不公平了！"每次遇到这位邻居，贫穷的农夫都会冷漠地

走开，似乎这样就可以满足他的自尊心。然而到了晚上，农夫就开始痛苦了，他翻来覆去就是睡不着，总想着自己哪天能住上邻居那样的大房子，或者想哪位富有的邻居哪天能变得像自己一样贫穷，不然，自己会被嫉妒之心害死的。

后来，村子里来了一位智者。据说，他能给那些痛苦的人指引道路，从而让他们过上快乐的日子。农夫觉得自己也应该去看看，到了那里，他发现已经排了很长的队伍，而排在自己前面的不是别人，正是那位邻居。农夫感到很奇怪："这样一位富有的人也会感到痛苦吗？"过了半天，邻居进去了，农夫还在外面等着。可是，直到太阳下山，邻居还没有出来，农夫又开始嫉妒了："上帝真是不公平，怎么智者就跟他说了这么多！"终于邻居出来了，而且脸上显露了从未有过的笑容。

农夫心中一动，急忙走了进去。智者说："你为何而痛苦呢？"农夫回答："我总是看我那位邻居不顺眼。"智者微笑着说："这是嫉妒在作怪，你需要做的就是克制自己，想想自己所拥有的东西。"农夫十分生气："智者啊，你怎么也那么偏袒呢？给我的邻居那么多忠告，却只给我简单的两句话。"智者说："你一进来，我就猜到你是为什么而痛苦——贫穷所带来的嫉妒；可是那位富人进来，我只看到他殷实的外在，看不到他精神的匮乏，详细询问后才知道他的症结所在。"农夫不解："他也会感到不快乐吗？"智者说："当然。虽然他比你富有，房子比你大，但是他只有一个人，而你呢？还有贤惠的妻子和可爱的孩子。现在你想想,你所拥有的是不是他所缺乏的,这样一想,你还会痛苦吗?"听了智者的话,农夫心中释然了,他感到快乐的日子离自己不远了。

农夫的嫉妒只会让自己远离快乐,陷入痛苦的深渊,他所看见的都是表象,因此忽略了能让自己快乐的因素。于是,正能量开始不断被消耗,而负能量则在暗中大量滋长。在这样的心理状态下,他会认为凡事都是邻居好,自己似乎什么都差劲。而经过智者的点拨,他发现,原来自己身上还隐藏着一些宝藏,而这些都是那位富裕邻居所缺乏的,还有什么值得嫉妒的呢?

卡耐基告诫人们,每当我们对他人产生嫉妒之心的时候,其实已经踏进了痛苦的陷阱,因为忽略了眼前的幸福。别人所拥有的并不是适合自己的,而我们所拥有的才是最好的,至少它能够长久地陪伴在我们身边。如果你总是嫉妒他人所获得的东西,最后你会发现,自己什么也没有得到,反而徒增了许多烦恼。

正视嫉妒这样的负能量。一个人若是被人嫉妒,会产生一种精神上的优越和快感;一个人若是嫉妒别人,只会透露自己的懊恼、羞愧,打击自信心。所谓"学到知羞处,才知艺不精",当你嫉妒一个人的时候,是否意识到了自己的短处呢?古人云:"临渊羡鱼,不如退而结网。"不要对他人产生嫉妒,而要化嫉妒为力量,自觉地将"恨"转化为"拼",自强不息,让自己得到真正的进步!

放下心中的抱怨，长存一颗感恩的心

抱怨是让人上瘾的麻醉剂，感恩是精神上的一种宝藏。有两个人看着同样一枝玫瑰，一个说："花下有刺，真讨厌！"另外一个却说："刺上有花，真好看！"前一个人挑出毛病，盯着不放，所以，在他的生活中充满了抱怨，他注定是不快乐的；而看到花的人，因为怀着一颗感恩的心，尽管刺扎手，但是闻到了刺上花朵的芬芳，所以，他能感受到幸福和快乐。对此，卡耐基作了这样的分析：这两个人代表了生活中的两类人，同样是面对生活，一类人心中充满了抱怨，一类人却充满了感恩。抱怨者怀着满腹牢骚，这样不仅解决不了任何问题，而且会增加许多不必要的沮丧和烦恼，即使遇到了幸福，可能福也会变成祸；感恩者用心去体味生活，在他看来，生活中处处是阳光，即使遇到了祸，也能变成福。所以，放下心中的抱怨，长存一颗感恩的心，你就会发现自己变得更好运。

麦克是快餐店里的一名普通员工，他每天的工作简单却又枯燥，需要不停地做许多相同的汉堡。虽然这份工作看起来没有什么新意，但是麦克却感到十分快乐。无论面对多么挑剔或尖酸的顾客，麦克都给予其满怀善意的微笑，而且多年来一直如此。麦克那发自内心的真挚快乐，感染了许多人。同事有时候会忍不住问他："为什么你对这种毫无变化的工作感到快乐？到底是什么让你对这份工作充满了热情呢？"麦克回答道："每当我做好了一个汉堡，就想到一定会有人因为汉堡的美味而感到快乐，这样，我也就感到了自己的作品所带来的成功，这是一件多么美好的事情啊！因此每天，我都感谢上天给了我这么好的一份工作。"

或许正是麦克那种感恩的心理，使得那家快餐店的生意越来越好，名气也越来越大，最后，麦克的名字传到了老板的耳朵里。没过多久，麦克就荣升为快餐店的店长，他更感激自己能拥有这份令人快乐的工作了。

有人常常抱怨："幸福敲响了别人家的门，好运也被别人抢走了，只有我是最可怜的。"那么当一个人在抱怨的时候，是否意识到一切抱怨都是内心的负能量在作祟呢？负面情绪潜藏在心底，才会让我们不自觉地发怒，抱怨生活的不公。若是想赢得幸福，抓住好运，就需要驱逐内心的负能量，所谓知足才能常乐；相反，越是不知足，越是苦恼，心中的负能量就会越积越多。学会知足，我们才不会因生活中的琐事而耿耿于怀；学会知足，我们才不会因生活的烦恼而忧心忡忡。只有知足常乐，方能靠近幸福。

可能每个人的生活都充满了太多的抱怨，甚至突然发现自己几乎成了一个"怨妇"或"怨夫"。有可能是生活中的一丁点不如意，就点燃了内心那些莫名的怒火和怨气。而在抱怨的过程中，脾气越来越暴躁，内心越来越不安，心情越来越糟糕，整个人陷入了抱怨的恶性循环。往往是对一件小事的怨气会衍生到其他一些事情上，而对其他事情的抱怨又会导致更多的抱怨；自己的抱怨会招致家人和朋友的抱怨，而家人和朋友的抱怨又会招致自己更多的抱怨，如此无限循环，周而复始，生命也将在抱怨声中画上句号。

卡耐基说："抱怨就好比口臭，当它从别人的嘴里吐露时，我们就会注意到；但从自己的口中发出时，我们却能充耳不闻。"想想自己身边那些喜欢抱怨的人，他们身上似乎有着祥林嫂的影子，再回想自己的生活，是否也充满了抱怨呢？如果发现自己正陷入抱怨的泥潭，一定要保持警惕并拒绝抱怨，快乐地活在当下。

1.远离抱怨

许多人都喜欢抱怨，好似祥林嫂一样，见人就诉说自己的儿子，逢人便哭诉自己的不幸，久而久之便形成了一种习惯。人们常常把抱怨当作一种宣泄的方式，由于内心苦闷积压太深，没有办法得到排解，于是向家人或朋友"宣泄"，开始无休止的抱怨。对于这样的情况，心理学专家警告："抱怨是毒品，要远离抱怨，快乐地活在当下。"有人这样说："抱怨看起来像毒品，虽能获得暂时的快感，却能要了你的命。"的确，抱怨就是毒品，抱怨多了，抱怨的时间久了，自然就会上瘾。而且最关键的是，抱怨还会伤害到自己的朋友或家人。

2.用感恩代替抱怨

习惯于抱怨的人，即使福到了，也会变成祸；心怀感激的人,哪怕是祸来了,也会变成福。萧伯纳说:"一个以自我为中心的人,总是在抱怨世界不能顺他的心。"如果一个人的心灵总是被抱怨占据,那么,即使面对再好的东西,他也会从中挑出骨头来。所以,抱怨永远是个负能量,要想人生处处充满阳光,就应该以感恩代替抱怨,放弃抱怨,停止抱怨,以积极的心态去面对生活,面对世界。

打开心门,接纳和欣赏自己

产生负能量的因素很多,其中有一个却是十分特别的,即许多人之所以会被负面情绪所困扰,是因为不能接纳自己。这听起来似乎有点令人啼笑皆非,对此,卡耐基认为,如果一个人太自卑,看自己哪里都是缺点,那么他内心的负能量是源源不断的,所以每天的生活除了悲伤还是悲伤。子曰:"不患人之不知己,而患人之不己知。"对于一个人来说,最担心的事情就是自己不够了解自己,更为关键的是不懂得欣赏和肯定自己,因为有时候那些莫名其妙的负能量其实正源于内心的自卑。他们习惯对自己挑剔,总是觉得这里不满意,那里也不如意。比如身高不够高,身材不够性感,脸蛋不够漂亮,家庭条件不够好等,这一切都可以成为他们产生负面情绪的原因。对此,卡耐基建议我们:把心门打开,学会接纳自己,学会肯定并欣赏自己。

琳达是一位电车车长的女儿,她从小就喜欢唱歌和表演,总梦想着自己能够成为一名当红的好莱坞明星。然而,琳达长得并不漂亮,她的嘴看起来很大,还有讨厌的龅牙。每次公开演唱,她都试图用上嘴唇来盖住自己的牙齿。

有一次,她在新泽西州的一家夜总会演出,为了表演得更加完美,她在唱歌时努力用自己的上嘴唇来盖住那讨厌的龅牙,但是结果却令自己出尽洋相,这真是一次失败的演出。琳达伤心极了,她觉得自己注定会失败,已经打算要放弃自己当初的梦想。但正在这时,在夜总会听歌的一位客人却认为琳达很有天分,他告诉琳达:"我一直在看你的演唱,我知道你想掩盖的是什么,你觉得你的牙齿长得很难看。"琳达低下了头,觉得无地自容。可是,那个人继续说道:"难道说长了龅牙就是罪大恶极吗?不要想去掩盖,张开你的嘴巴,观众看到你自己都不在乎,他们才会喜欢你。再说,那些你想掩盖住的牙齿,说不定能给你带来好运呢!"琳达接受了男士的建议,努力让自己不再去注意牙齿。从那时候开始,琳达只要想到台下的观众,她就张大嘴巴,热情地歌唱,终于成为好莱坞当红的明星。

赛德兹说:"你应该庆幸自己是世上独一无二的,应该将自己的禀赋发挥出来。"无论是龅牙一样的缺点,还是难以弥补的缺憾,都一样是组成生命的重要部分,在生命中占据着不可或缺的位置。如果我们总是看自己这里不顺眼，那里不顺眼，那生命就会在被自己不断苛责的过程中枯萎，以至于到最后也没来得及绽放那真切的美丽。

卡耐基认为，无论自己有着多么独特的缺点，都不要嫌弃它。我们需要以一种欣赏的眼光来看待这种独特，因为这个世界不需要大众化的美，而需要独特的美。在这一点上，每一个人都应该相信自己拥有一份与众不同的美。

1.你永远比自己想象中好

卡耐基认为，一个人永远比自己想象中要好。有一个衣衫不整、蓬头垢面的女孩，她长得很美，不过总是表现得满脸怨气。有人跟她聊天，她也显得心不在焉，让对方都沉默了。有一天，一位心理学家惊讶地告诉她："孩子，你难道不知道你是一个非常漂亮、非常好的姑娘吗？""您说什么？"女孩有些不相信地看着对方，美丽的大眼睛里有泪，但更多的是惊喜。

原来在生活中，她每天面对的都是同学的嘲笑、母亲的责骂，久而久之她失去了自信，而自卑则成为她负能量的根源。事实上，每个人都不是完美的，都有一些可爱的缺陷，但无论是缺点还是优点，那都是我们自己，我们首先应该接纳并欣赏自己。

2.学会欣赏自己的美

索菲亚·罗兰刚进入演艺圈时，制片商便给予她善意的"建议"："如果你真的想干这一行，就得把鼻子和臀部'动一动'。"但是，肯定并欣赏自己的索菲亚却拒绝了这样的建议，她说："我懂得我的外形和那些已经成名的女演员不一样，她们都五官端正、相貌出众，而我脸上的毛病却很多，但这些毛病加在一起反而会让我更有魅力。说实在的，我的脸确实与众不同，但是，我为什么要和别人一样呢？"索菲亚的自我肯定与欣赏并没有令大家失望，后来，她被誉为世界上最具自然美的人。所以，我们也应该像索菲亚一样，欣赏自己的美，为自己创造无限的正能量。

第五章

眼光长远，用积极思维处理问题

当我们无法前进的时候，退一步也是一种智慧

卡耐基认为，生命就是一叶扁舟，载不动太多的物欲和虚荣，如果不想生命之舟搁浅或沉没，我们就要学会退一步，用长远的眼光看清人与事。在印度热带丛林中，当地居民是这样捕捉猴子的：在一个固定的小木盒子里面装上坚果，再把盒子打开一个小口，刚好够猴子的前爪伸进去。猴子为了取得盒子里的食物，抓住坚果，结果爪子就抽不出来了。人们用这样的方式来捕捉猴子，几乎每一次都能获得成功，因为猴子有个习性，那就是不肯放下已经到手的东西。也许看了这个故事，我们会嘲笑猴子的愚笨，但事实上，生活中的我们有时候也跟猴子一样，总是不肯退步，担心失去，承受着那些本不该承受的痛苦。

杰克和麦克是好朋友，他们俩从小就喜欢画画，常常将墙和报纸涂画得五颜六色。后来，在他们的要求下，父母把他们送到了美术班学习。长大后的他们更加喜欢绘画了，高考那年，杰克和麦克费尽口舌说服了父母，让自己报考美术学院。在大学里，杰克和麦克经常在一起谈论着未来，描画着自己的蓝图，他们坚信自己会坚持下去，通过画画挣钱让身边的人获得幸福。

大学毕业后，杰克和麦克开始找工作了。他们整天奔波于各家报社，希望能够成为报社的一名美术编辑，可是，各家报社的总编都以种种理由拒绝了他们的求职申请。在多次碰壁之后，杰克绝望了，本来希望通过自己的一技之长来给妈妈幸福的生活，却发现社会上根本没有自己的容身之地，连养活自己都很困难了。而麦克却咬着牙说："我一定要坚持画画，绘画是我生命不可缺少的一部分。"他毅然放弃了找工作，而是把自己关在家里，没日没夜地画着。在现实残酷的打击下，杰克越加颓废了。妈妈心疼地说："你既然那么喜欢画画，不如自己开一间画室吧。"杰克听了，心里很难受，当初是想通过找份工作继续自己的绘画创作，现在却需要自己的这份才华去养家糊口。

但思索了很久，杰克还是决定自己开一间画室，他跑去与麦克商量，却被麦克骂道："绘画挣钱？你这是在亵渎艺术。"于是，杰克单枪匹马开始了创业。他从亲戚朋友那里借了十几万，再加上妈妈的积蓄，开了一间属于自己的画室，既教小朋友画画，又出售自己的作品。几年之后，杰克的画室成了这个城市有名的美术培训学校，他不仅还清了所有的欠债，还拥有了自己的房子、车子和存折上不小的数字，当初向妈妈许下的承诺也实现了。而麦克依然整天窝在家里画画，由于没有名气，所有的画都卖不出去，他成了一个穷困潦倒的画家。杰克每天教画之余，用心地钻研自己的作品，也逐渐提高了自己的绘画水平，最终在美术界里也成了小有名气的画家。

面临人生的窘途，麦克坚持继续画画来作为自己的工作，不肯退一步，最后成了一个穷困潦倒的画家。而杰克在妈妈的建议下进行了变通，开了一间属于自己的画室，一边教小朋友画画，一边创作自己的作品，最后获得了成功，实现了自己当初的诺言；同时，成就了自己的梦想，成了小有名气的画家。相比较，谁的选择更完美呢？面对人生的困境或挫折，我们要选择退却一步，这样才能着眼于未来，也才更有可能获得成功。

卡耐基说：当我们无法前进的时候，退一步也是一种智慧。有时候，当我们以长远的眼光去看待这些事情的时候，其实已然诞生了正能量。这与"人生不仅需要运动，还需要停止"是相通的。在通往成功的路上，若是不顾头破血流地一意孤行，最后我们什么也得不到；但是，如果能够停下来，或者退后一步，就会看清前方的景色，也更容易获得最后的成功。

1.退一步不代表懦弱

退一步，并不是懦弱的表现，而是一种智慧的策略。有时候看似退了一步，实则进了一步，这才是得与失最智慧的所在。当我们向后退一步，才会重新看清一些东西。或许你也注意到，有的人因负荷太重而步履维艰，有的人因欲壑难填而疲于奔命，有的人因深陷其中而难以自拔。如果想踏上轻松的人生之旅，请学会退一步，或者停下来欣赏路边的风景，这样才能更有力量地走完后面的路程。

2.为生命减速实际上是增加能量

史学家范晔说："天下皆知取之为取，而不知与之为取。"得与失是互相转化的结果，这句话似乎道出了所有的哲理。那些懂得其中玄机的人，善于掌握得失的主动权，坦然地退一步，用长远的眼光看清自己的所得所失，从而获得自己想要的东西。这时候，退一步并不是放弃，而是一种新的获得。卡耐基告诉年轻人：生命只有两种状态，运动和停止，只会向前猛冲而不懂得退步或减速的人，在人生的某个弯道处，一定会冲出跑道，失去更多。

每一次成功的选择都要伴随着智慧

卡耐基说，有时候当我们认为已经失去的时候，只要转个弯，就会发现失去其实是一种收获。在这个过程中，我们已经把负能量转化成正能量了。孟子曰："鱼，我所欲也；熊掌，亦我所欲也。二者不可兼得，舍鱼而取熊掌者也。生，我所欲也；义，亦我所欲也。二者不可得兼，舍生而取义者也。"人生路漫漫，我们总是会面对得与失的艰难抉择，得与失就如同一对生死兄弟，我们只能选择其一，有得必有失，有失必有得，这就是哲理所在。每个人心中都有一杆秤，衡量着得与失的价值，那到底该如何选择呢？事实上，每一次成功的选择都伴随着智慧，缺乏思考的选择只会让我们失去更多。卡耐基告诉我们：学会思考，让失去成为一种收获。

有一天，智者和学生一起散步，他们边走边谈论着，不知不觉间就走到一个贫穷落后的地区，路过一所破烂的房子，看见里面住着一对夫妇和他们的三个孩子，一家人衣衫褴褛，光着脚板，屋里只有几件破家具。智者问那位父亲："你们为什么要在这样既无商业又没有工作机会的贫困地区生存呢？"男人回答："家里有一头小奶牛，可以生产一些牛奶，然后，我们在附近的城镇用牛奶换一些其他的食品，我们将剩下的牛奶制作成奶酪和酸奶，我们就是依靠那头小奶牛生活的。"智者笑了笑，看了看房子四周，就带着学生离开了。

智者走着走着，告诉学生："我必须回去，找到那头奶牛，并把它扔下悬崖。"学生听了很吃惊，试图说服老师不要这样做，他说："那一定会毁掉这个可怜的家庭。"智者却不为所动，而是独自离开了。学生想了想，还是追上了老师，并帮助老师将奶牛扔下了悬崖，但是那个画面却让他身心难安。

几年过去了，学生还是没有忘记那件事，他决定去看一看，或许自己能帮助那家人做点什么，以此弥补自己当年犯下的错误。他走进那个地区,却惊讶地发现一切都变了,到处是一片富裕景象。学生感到很沮丧,那家人一定是在丢失奶牛以后,被迫离开了自己的家园,这里早已经易主了。学生继续走着,发现原来那户破房子所在的地方矗立着一座气派的楼房,有一个看起来十分面熟的男人站在门口,学生认出来了,那就是当年的那位父亲。学生感到很吃惊:"你们是怎么摆脱困境的?"男人笑着说:"几年前,我们家唯一的奶牛突然不见了,刚开始我们很震惊,但无奈之下我们只能去发展新技能,谋求新的生存方式,最后就逐渐富裕了起来。"接着,男人笑着说:"现在看来,丢失那头奶牛是我们家最大的幸事,我们因此获得了更多。"

有时候,失去并不是一种遗憾,而是新的开始。徘徊在十字路口,失去了某种东西,我们才能有更好的选择,改变与奇迹才能出现。这样看来,失去恰恰是成功的开始。生活到处充满了选择,有选择就意味着将面临得与失,这是必然的结果。要想有所获得,首先得有所失去,否则永远也没有收获。

卡耐基说:"错过花,你将收获雨。"在人生道路上,失去某种东西对于我们来说可能是一种遗憾,却是对人生的一种体验。这样想来,失去何尝不是一种获得呢?学会选择,懂得在失去中寻找,在失去中体验,在失去中获得,从而让我们的内心更加丰富和充实,这难道不是一种收获吗?即使是同样一件事情,面对不同的选择,有的人会觉得这是一种失去,而有的人则会觉得这就是一种收获。之所以产生这样的差别，是因为思考有所不同。

1.失去是一种注定

假如所有的失去是一种注定，我们再伤心难过又能获得什么呢？获得的不过是满身的疲惫，以及铺天盖地的负面情绪。这样只会让自己深陷痛苦的泥沼，再也寻找不到正能量来支撑自己。假如我们把每一次失去都当成一种注定，认为这是没办法改变的事情，那我们的心境就会平和了，也在无形之中为心找到了正能量。

2.让负能量转化为正能量

失去会给我们带来痛苦，这本身是一种负能量，让我们沉浸在痛苦的深渊之中。但是，如果我们能换个角度思考，让失去成为一种收获，那就会激发出我们的正能量。这就是负能量转化为正能量的一个过程。

真正敏锐的眼光，是看在潮流之先

卡耐基认为，那些思路开阔、目光长远的人，往往可以想在人先、走在人前，而这恰恰是最能推动人前进的正能量。在现今这个资讯时代，商机无处不在。许多白手起家的创业者，往往就是因为抓住了一个稍纵即逝的时机，从此顺利地开始了自己的"掘金"生涯。能致富的人，思路通常都能够放得开，眼光通常都要比常人看得远。美国汽车大王亨利·福特有一次被别人问到，如果他失去了他全部的巨额财富，他将做些什么事情。他连一秒钟都没有犹豫，就说他会想出另一种人类的基本需求，并迎合这种需求，提供出比别人更便宜和更有质量的服务。他说他完全有把握、有信心在五年之内重新成为一个千万富翁。福特的话可以给我们一个全新的启示：真正敏锐的眼光，是看在潮流之先。

史蒂夫·鲍尔默先生曾是全球领先的个人及商务软件开发商——微软公司的首席执行官。鲍尔默从小就很聪明，在上高中时，他的母亲带他参加全国数学大赛，他进入前十名，摇身成了数学奇才，拿到哈佛数学系奖学金，这个大奖帮助他实现了他父亲的梦想——考入哈佛。

鲍尔默1973年进入哈佛，大学期间，他曾担任校足球队队长，为《红色哈佛》报和哈佛的文学杂志工作过。他还获得了数学和经济学学士学位。20年后，鲍尔默功成名就后回到底特律私人学校，在开学典礼上他送给新生的忠告是："打开你的思路，放远你的视线。"他说："因为永远有想不到的机会你没有想到、你没有看到，可是这个机会会给你带来一生惊喜的突变。"

未来是现在的延伸，未来是现在人所创造出来的，所以每一个人都可以通过现在看看大多数人在做什么，发现未来的趋势。可以举个简单的例子,如果你能在20年前看出个人电脑将会成为趋势,你现在就是世界首富了。当时你没有看出来,但是比尔·盖茨看出来了,所以他是世界首富,而你不是。

日本的"电子之父"松下幸之助,是一位富有智慧、善于洞察未来的成功人物。每当人们问及他成功的秘诀时,他总是淡淡一笑,说:"靠的是比别人稍微走得快了一点儿。"

"二战"结束后,世界恢复了新的和平。遭受战争创伤的人民,在新的和平环境里又重新燃起了对生活和工作的热情。睿智的松下幸之助又"超前"地看到"新文明"将带来世界性的"家电热"。这对于"松下电器",既是一次发展壮大难得的机会,也是一次艰巨而又严峻的挑战。松下幸之助正是凭借着"稍微走得快了一点",大刀阔斧地进行机构调整和技术改革,从而使"松下电器"在新的挑战和机遇中得到了前所未有的发展。

20世纪50年代,松下幸之助第一次访问美国和西欧时发现:欧美强大的生产主要基于民主的体制和现代的科技,尽管日本在上述方面还相当落后,然而这一趋势将是历史的必然。松下幸之助正是把握住了这一超前趋势,在日本产业界率先进行了民主体制改革。政治上给予产业充分的自主权,建立了合理的劳资体制和劳资关系;经济上他改革了日本的低工资制,使职工工资超过欧洲,接近美国水平,并建立了必要的职工退休金，使员工的物质利益得到充分满足；劳动制度上实现每周五天工作日，这在当时的日本还是第一家。

对于这样大刀阔斧的改革，松下幸之助是这样解释的：这一改革并非单纯增加一天休息，而是为了进一步促进产品的质量，好的工作成就会产生愉快的假日，愉快的假日情绪又会带来更出色的工作效率。只有这样，生产才能突飞猛进，效益才能日新月异。

卡耐基认为，在一个人成大事的过程中，要想走得比别人稍快一点，就必须具有超前的眼光，看到别人暂时还没有看到的利益。这样你才能赶在别人前面出手，从而得到更多的收获。有时候，思维能爆发出来的正能量是前所未有的，那是因为好的思维往往会引领着我们去干一番大事业。

1.打开你的思路

世界上勤奋的人难以计数，但在事业上获得成功的人却不是很多。其原因就在于并不是每个人都有卓越的眼光和超前的意识，能看到某个行业未来发展的轨迹。但只要"打开你的思路，放远你的视线"，抬起头来审视前面的路，你就能超脱平凡，走在人先。我们不必要求每个人都有前瞻性的思路、高屋建瓴的眼光，但是只要从身边的人和事出发，往前看一点点，就已经是了不起的成就了。

2.敢于抓住灵光一闪的思维

一项调查研究表明，在众多亿万富翁的发家史中，有这样一个规律：那些头脑灵活、敢想敢为的人，远比那些拥有高学历却头脑死板的人更有前途。很多亿万富翁的第一桶金，都是源于头脑中的灵光一闪。

换个角度看问题，事情远没有想象中那么糟糕

卡耐基说，人生就像一朵鲜花，有时开，有时败，有时微笑，有时低头不语。其实，人生就是这样，无论你处于什么样的境地，多角度看问题，才会发现我们还可以打开心灵的另一扇窗户，发现人生如此美好，而我们所遭遇的那些根本算不了什么。人生之路本就很曲折，当我们被绊倒的时候，应多角度看问题，以一种积极、乐观的态度去面对人生中的一切。半杯酒静静地在杯子中，来了个酒鬼，看到后摇摇头，说道："扫兴，只有半杯酒。"过了一会儿，又来了一个酒鬼，看到后兴奋地说："太好了，还有半杯酒。"足见，从不同的角度看问题，会让我们获得全然不同的心境。所以，学会多角度看问题吧，这样你会发现事情远没有想象中那么糟糕。

卡耐基曾讲了这样一个寓言故事：

有四个小孩在山顶上玩耍，正玩得起劲的时候，突然从山顶远处窜出来一只大狗熊。第一个小孩反应很快，拔腿就跑，一口气跑了好几百米，跑着跑着，他感到身后没有人，回头一

看，其他三个孩子都没有动，便大声喊道："你们三个怎么还不跑呀？狗熊来了会吃人的。"

第二个小孩正在系鞋带，他回答："废话，谁不知道狗熊会吃人呀，别忘了狗熊最擅长的就是长跑，你短跑有什么用？我不用跑过狗熊，只需要跑过你就行了。"这会儿，他惊奇地问旁边的小孩："你愣着做什么？"第三个小孩说："你们跑吧，跑得越远越好，一会儿狗熊跑近我的时候，保持安全距离，我带着狗熊到我爸爸的森林公园，白白给我爸爸带回一份固定资产。"说完，他忍不住问第四个小孩："你怎么不跑啊？等死呀！"第四个小孩说："你们瞎跑什么呀？老师说了在没有搞清楚问题的时候，不要乱决策，不要乱判断，需要做市场调查，狗熊是不会轻易吃人的，你们看山那边有一群野猪，狗熊是奔着野猪去的。"

面对"狗熊来了"同一件事，不同的小孩有不同的思维方式，而每一种思维方式都比前一种考虑得更周到。事实上，当我们试着多角度看问题的时候，就会发现"狗熊"并不是冲你来的，内心那些恐惧和忧虑是多余的，完全没有必要，生活依然是美好的，应该放下心中沉重的包袱。每一个人眼中都有一个与众不同的"小宇宙"，不同的人在各自的"小宇宙"中发现着不同的色彩，演绎着各自的人生。

英国曾举办了一次有奖征答活动。在一只热气球上，载着三位关系着人类生存和命运的科学家。一位是环保专家，如果没有他，地球在不久之后会变成一个到处散发着恶臭的太空垃圾场；一位是生物专家，他能使不毛之地变成良田，解决几亿人的生存问题，还能够运用基因技术使人的寿命延长到200岁；一位是国际事务调解专家，没有他的存在，各个军事大国的矛盾可能会一触即发，地球将面临核战争。但不幸的是，三位专家所乘坐的热气球发生了故障，正在急速下坠，而把其中一个人扔出去也许还有可能脱离危险，问题是把谁扔下去呢？

到底该把谁扔下去呢？下面的孩子们想了起来：环保专家很重要，没有他人类将会灭亡；可是，生物专家解决的可是生存问题，没有了粮食人类就会饿死；而国际调解专家也很重要，如果发生了核战争，人类也将会灭亡。这时，一个小男孩说出了正确的答案："把最胖的一个扔下去。"

有时候，凭着传统的思维来解决问题，常常会让人感到无所适从，机会也往往会在你犹豫不决时悄然离去。如果我们都能像那个小男孩一样，跳出常规思维，多角度去思考和解决问题，可能就会有豁然开朗的感觉。卡耐基告诉我们：多角度看问题，常常会让我们获得意外的惊喜。

在炎热的沙漠，两个焦渴疲惫的旅人，拿出唯一的水壶，摇了摇，一个旅人说："哎呀，太糟糕了，我们只剩下半壶水了。"而另一个旅人却高兴地说："真幸运，我们还有半壶水！"卡耐基认为，在现实生活中，许多事情都像那半壶水一样，多角度或者换个角度去思考，你就有了不同的答案、不同的心情。多个角度看问题，我们要有推翻成见的勇气和别出心裁的智慧，即使身处黑暗的峡谷，我们也会沿着光走出来，顿时之间，你会有一种豁然开朗的感觉。

调动大脑思维，就拥有点石成金的力量

卡耐基认为，每一个年轻人都需要锻炼自己的头脑，扩展自己的眼光和思维。因为这是一个脑力制胜的年代，谁的想法更高明、更有效，谁就更容易提升自己的价值，获得财富的垂青。年轻人不应拜金，但对财富的渴望、财富的追求，却不可削弱。这不仅仅是改善生活的需求，更是激发大脑潜能、调动大脑思维最原始的动力。很多时候，一个点子看似不起眼，却拥有点石成金的力量。只有看到别人看不到的东西，才能做到别人做不到的事。灵活的头脑和卓越的思维为我们提供了这种本领，深入地洞察每一个对象，就能在有限的空间成就一番可观的事业。

因生产夏普牌电视机闻名的早川电机公司董事长早川德次，很小的时候双亲就去世了，他在小学二年级时，就去一家首饰加工店当童工。早川并不自暴自弃，小时候就想："在这世界上没有疼爱我的双亲，也没有关心我的长辈，我的处境比

任何人都悲惨，但只要我努力生活，就不会输给别人。"

他在首饰加工店每天所做的工作就是照顾小孩、烧饭、洗衣服以及搬运笨重的东西。这样过了4个春秋，有一次他鼓起勇气对老板说："老板，请您教我一些做首饰的手工好吗？"老板不但没答应，反而大骂道："小孩子，你能干什么呢？你喜欢学的话，自己去学好了！"

早川心想：那就不靠别人，亲自去学、亲自思考、亲自去做。以后老板叫他帮忙工作时，他都尽量用眼睛看、用心学，一切有关工作的学识和技能，他全部是靠自己偷偷学来的。

他的苦苦挣扎与努力终于没有白费，使他成为耳聪目明又富有创意的人。18岁他就发明了裤带用的金属夹子，22岁就发明了自动笔。他有了发明，老板便资助他开了一家小工厂。这种自动笔很受大众喜爱，风行一时。世界没有给他任何东西，他却给了世界很多。在他30岁赚到1000万日元以后，就把目标转向收音机，成立了平川电机公司。

每个人都有独立的思考能力，当把这种能力转变为创意时，生活现状也许就会发生质的改变。商人说，创意无法标价，但它实施后所创造的价值却是切切实实的。卡耐基说，年轻人在刚刚步入社会时，一般很难立即拥有发财致富的机遇，这也符合踏实肯干、付出才能有所收获的道理。但如果此时我们能想出好创意，常常会达到事半功倍的效果。

卡耐基认为，一个经过思考之后的创意思维，可以说是正能量之源。一位心理学家称，每个人都容易羡慕别人，因为在比较中，总会发现比自己优越的人。很多人不禁感叹，自己何时能赶上别人，能买房买车，能一夜暴富？世界著名的成功学大师拿破仑·希尔在《思考致富》一书中提出，是"思考"致富，而不是"努力工作"致富。希尔强调，最努力工作的人最终绝不会富有。如果你想变富，你需要"思考"，独立思考而不是盲从他人。对于多数人来说，把思考和金钱联系在一起的就是创意。

1.开始你的创意生涯

创意不是高深的科学技术，它的起源常常是有心人的灵机一动，不需要经过严谨的学术训练和精密的理论论证。任何一个人都可以与创意亲密接触。在我们实力不足的时候，创意往往起着关键性作用。

2.创意就是一种思维方式

创意更青睐于细心观察生活并随之跟进的人。卡耐基认为，创意可以使生活的改变加快速度，它并非一件实实在在的产品，而是一种另辟蹊径的思维方式。思路决定财富并不是一句空话，处于困境中的人，如果有心要撬动财富的世界，改变自己的人生历程，就应该让创意成为你手中最有力的一根杠杆，因为它可以影响人生的成就和财富的流向。

善于变通，找到你成功的机会

卡耐基认为，当思维走进了死胡同，那就需要进行思维变通。在很多时候，意想不到的思维变通会给我们带来很多惊喜，而这就是正能量的开始。在漫漫人生路上，许多人利用思维的变化找到了成功的机会。相比之下，那些不善于变通的人，纵有一身过硬的本领，也会因为不懂得因时因地变通，而无法捕捉和把握稍纵即逝的机会，从而无法成功。甚至有的时候，机会向他迎面走来，他也会视而不见，让成功与自己擦肩而过。

一位优秀的商人杰克，有一天告诉他的儿子："有一个女孩子，我要你娶她。"儿子说："我自己要娶的新娘我自己会决定。"杰克说："但我说的这女孩可是比尔·盖茨的女儿喔。"儿子："哇！那这样的话……"在一次聚会中，杰克走向比尔·盖茨。杰克说："我来帮你女儿介绍个好丈夫。"比尔说："我女儿还没想嫁人呢！"杰克说："但我说的这年轻人可是世界银行的副总裁喔。"比尔说："哇！那这样的话……"接着，杰克去见世界银行的总裁，并说："我想介绍一位年轻人来当贵行的副总裁。"总裁说："我们已经有很多位副总裁，够多了。"杰克说："但我说的这年轻人可是比尔·盖茨的女婿喔。"总裁说："哇！那这样的话……"

最后，杰克的儿子娶了比尔·盖茨的女儿，又当上了世界银行的副总裁。这个故事看似不可思议，却有着一个真实的结果。

生活中最大的成就是不断地自我改造，以悟出生活之道。的确，在很多情况下，外物是无法改变的，我们能改变的就是我们的思想。遇到困难和变化时，让思维尽显其灵活和多变的本质，往往能得到更好的解决问题的方法。

卡耐基曾讲述了这样一个故事：

柯特大饭店是美国加州的一家老牌饭店。饭店老板准备引进一种新式的电梯。他重金请来全国一流的建筑师和工程师，请他们商讨该如何进行改建。

建筑师和工程师的经验都很丰富，他们讨论的结论是：饭店必须新换一台大电梯。为了安装好新电梯，饭店必须停止营业半年时间。"除了关闭饭店半年就没有别的办法了吗？"老板的眉头皱得很紧，"要知道，这样会造成很大的经济损失……"

"必须得这样，不可能有别的方案。"建筑师和工程师们坚持说。就在这时候，饭店里的清洁工刚好在附近拖地，听到他们的谈话，他马上直起腰，停止了工作。他望着忧心忡忡、神色犹豫的老板和那两位一脸自信的专家，突然开口说："如果换作我，你们知道我会怎么来装这个电梯吗？"

工程师瞟了他一眼，不屑地说："你能怎么做？""我会直接在屋子外面装上电梯。""多么好的方法啊！"工程师和建筑师听了，顿时诧异得说不出话来。很快，这家饭店就在屋外装设了一部新电梯，而这就是建筑史上的第一部观光电梯。

在人们的传统思维中，电梯只能安装在室内，像这样墨守成规、循规蹈矩的人比比皆是。问题不在于他们的技术高低、学识多寡，而在于他们突破不了常规的思维方式。工程师和建筑师被专业常识束缚住了，而清洁工的脑子里没有那么多条条框框，思路很开阔，所以才会想出令专家们大跌眼镜的妙招。

正能量从哪里来？当然是一切行之有效的方法，方法又从哪里来呢？自然是出其不意的思维变通。当你在迷茫之中找不到任何办法的时候，不妨出去走一走，开阔并变通自己的思维，说不定可以在某个角落找到恰当的方法。

1.不被传统思维束缚

当然，如果你需要改变思维，那首先需要把残留在脑海里的传统思维清理掉，这样才能腾出地方进行变通。在现实生活中，那些墨守成规的人是无法想出好点子的，因为他的思维总是在原地打转。因此，我们要想进行思维变革，就不要被传统思维所束缚。

2.力求最奇妙的思维

意想不到的思维往往是奇妙的，看似不可思议，却又合情合理。就好像查理斯·艾略特找到当时著名的史学家亨利·亚当斯，想聘请他出任中世纪历史的教授。起初，不管艾略特怎样苦苦劝说，亨利·亚当斯都没有任何表示，后来，亨利·亚当斯谦虚地说:"校长先生,我真的一点儿都不懂中世纪的历史。"听到他的回答,艾略特校长则客气地说:"如果你能够为我举荐一位比你懂得更多的学者,那我就聘请他。"结果亚当斯只好接受了聘请。

第六章

人际交往，你来我往中赢得人心

当你笑时，整个世界都在笑

世界上最伟大的推销员乔·吉拉德说："当你笑时，整个世界都在笑，一脸苦相没人理睬你。"成功大师卡耐基认为，在这个世界上，最能够征服人心的世界语言就是微笑，说起来很简单，但是做起来却不是那么容易。而且在很多时候，微笑是最简单最有效的示好手段。不知道你发现没有，微笑是最富感染力的表情，你所面对的有可能是一张哭泣的脸，也有可能是一张愤怒的脸，但只要你坚持微笑、保持最友好的微笑，就一定会清除对方心里的不快，而且对方也会在微笑中得到感染，情绪会变得愉快起来。可以说，一个善意的微笑能够拉近彼此之间的距离。原一平曾说："为了能够使我的微笑看起来是自然的、发自内心的，我曾经专门为此训练过，我假设各种场合和心理，自己面对着镜子，练习各种微笑的面部表情。"这位坚持微笑的保险推销员，以自己灿烂的微笑征服了全世界。

有一次，原一平去拜访一位客户，在拜访之前他了解到这位客户性格内向，脾气古怪。见面后，为了营造轻松的气氛，原一平微笑着打招呼："你好，我是原一平，明治保险公司的业务员。"客户情绪似乎很烦躁："哦，对不起，我不需要投保，我向来讨厌保险。"原一平继续微笑着说："能告诉我为什么吗？"客户忽然提高了声音，显得很不耐烦："讨厌是不需要任何理由的！"

原一平知道客户发飙了，但是，他依旧笑容满面地望着他："听朋友说你在这个行业做得很成功，真羡慕你，如果我在我的行业也能做到像你这样，那真是一件很棒的事情。"听到原一平这样说，客户的态度稍有好转："我一向讨厌保险推销员，可是你的笑容让我不忍拒绝与你交谈，好吧，说说你的保险吧。"

在接下来的交谈过程中，原一平始终带着微笑，客户在不知不觉中也受到了感染，谈到彼此感兴趣的话题时，两人都大笑了起来。最后，客户微笑着在单上签上了名字，与原一平握手道别。

原一平，这位身高只有1.53米，整体毫无气质和优势可言的保险推销员，却以自己的微笑征服了所有的人。见过他的人都知道，在整个交谈过程中，他的微笑一直都在。他的微笑曾被评为"价值百万的微笑"，因为那友善的微笑，他赢得了客户的信赖与好感。其实，不仅仅是原一平，任何一个发自内心的微笑，都具有神奇的力量。

卡耐基曾讲述了这样一个故事：

安东尼·圣艾修伯里是一位飞行员，在"二战"前，他参加了西班牙内战，为反法西斯贡献自己微薄的力量。但不幸的是，飞行的一次失误使得他落入了法西斯的魔掌，在监狱里，看守的警卫一脸凶相，态度相当恶劣。

安东尼·圣艾修伯里清楚自己将很快被拉出去枪毙，于是陷入了极度的惶恐与不安中。为了稳定情绪，他决定抽根烟，可是翻遍了口袋只找到一根香烟，没有找到火柴。安东尼·圣艾修伯里看了看旁边的警卫，鼓起勇气开口借火，警卫冷漠地将火递给了他。当警卫帮安东尼·圣艾修伯里点火的时候，警卫的眼光无意中与他的目光相接触，这时，不知是出于礼貌还是畏惧，安东尼·圣艾修伯里竟然冲着那位冷漠的警卫微笑。不过，正是这抹微笑清除了他们心灵之间的隔阂。

受到了微笑的感染，警卫的嘴角也不自觉地出现出了笑意。虽然安东尼·圣艾修伯里知道他并没有此意，但是点完火的警卫并没有立即离开，两眼依旧盯着他，同时脸上还挂着微笑。安东尼·圣艾修伯里也以微笑回应，仿佛彼此就是朋友。警卫的眼神少了当初的凶悍之气，两人就这样聊了起来，对家人的思念和对自己生命的担忧使得安东尼·圣艾修伯里的声音哽咽起来。警卫沉默着，后来他一言不发地打开了狱门，悄悄带着安东尼·圣艾修伯里从小路逃离了监狱。

微笑，就是这样创造了奇迹。无论微笑是有意还是无意，都能够达到向他人示好的目的，安东尼·圣艾修伯里的微笑深深地打动了一颗冷漠的心。微笑就这样征服了人心，赢得了他人的好感，在不知不觉中感染着对方，拉近了彼此的距离。

卡耐基认为，在人类的所有表情中，微笑是最有气场的能量，也是最具亲和力的能量。可以说，它是缩小人与人之间距离的有力武器。微笑是人际交往与信息交流的重要手段之一，人在情绪反应中，通过面部表情、声调变化和身体姿态，来实现信息传递并达到互相了解。于是，当一个人愁眉苦脸，他所散发出来的是不舒服、痛苦的气场，传递的当然是负能量；而当一个人笑容满面，他所散发出来的是愉快、幸福的气场，传递的自然是正能量。

1.微笑是种力量

卡耐基说，人与人之间的最短距离是一个可以分享的微笑，即便是你一个人微笑，也可以使你和自己的心灵进行交流。微笑，虽然是一个无声的行动，传递的信息却是"我很满意你，你使我快乐，我很高兴与你共事"，无疑，这就是一种激励人心的力量。

2.学会微笑

在日常交际中，每个人都希望别人喜欢自己、重视自己，而微笑无疑是最能缩短人与人之间距离、融化人与人之间矛盾的法宝。当双方发生摩擦和冲突并逐步升级的时候，微笑就能浇灭怒火，化干戈为玉帛。所以与人交往的时候，请记得面带微笑，这如此简单的事情，却能传递出无穷的正能量。

关注对方，让对方有被尊重的感觉

卡耐基曾说，人与人在讲话时，表面上是你一句、我一句，好像是一个在说、一个在听，但真相是，你在讲时我却没有在听，只是在想下一句我要怎么说。假如我们只把心用到自己该如何去表达这一方面，那么就说明我们不懂得关注对方的想法，会导致对方有一种被忽视的感觉，自然我们所传递出去的就是负能量。在日常交际中，要想让对方欣然接受你，就需要做到关注对方。因为当我们去关注对方的时候，传递的是积极正面、鼓励的能量，表达出的是"我很在乎你，也在乎你说的话，请继续下去"。所以，即使是不会被任何赞美所迷惑的人，也会被我们这样专注的神态所吸引，从而对我们产生好感。

周末，莉莉和琳达坐在咖啡厅聊天。莉莉兴奋地说："那天，我回了老家，你猜我看见谁了？"可是，琳达却盯着手机看信息，莉莉只好自问自答："我看见了初恋情人啊，我真没有想到能够遇到他，他好像长高了，也长帅了……"琳达的视线刚离开手机，却又跑到邻桌那帅哥身上去了，莉莉没好气地说："你到底有没有听我说话啊？""有啊，你继续说吧。"可等琳达回过头来，莉莉已经没有说下去的欲望了。

在上面这个案例中，就是因为琳达没能保持专注的神态，导致对方不愿意说下去。在言语交流中，最能给对方满足感的，往往是我们专心专意地倾听他人说话，而不是滔滔不绝地向对方灌输自己的高见。所以，我们的倾听可以使对方感到满足，对方的反应往往是愉悦、积极的，这时我们身上所表现出来的气场，就是容易让人接受的。

酒会上，王姐依靠着栏杆，在酒精的刺激下想起了伤心的往事，不禁小声啜泣起来。李秘书正好路过这里，亲切地问道："王姐，怎么了？"王姐靠着李秘书的肩膀，哭着说："我又想起了那次车祸。"李秘书拍拍王姐的肩膀，说道："我明白，那真是件不幸的事情，但你已经熬过来了，我希望你能坚强地走下去。"王姐点点头，情绪也好多了。

在倾听过程中准确的反馈会激励诉说者继续说下去，对他是一种极大的鼓舞。当然，不准确的反馈将不利于谈话的进行，因此要把握好。反馈效应是指向诉说者反馈自己的尊重与关注，这会使诉说者感到自己和自己的谈话在他人心里很重要，在一定程度上可起到正向强化作用。心理学家通过大量研究发现，每个人都喜欢和尊重自己谈话的人沟通。在整个倾听过程中保持一种专注的姿态，会让说话者感觉自己是"主角"，使他感受到被尊重，最终所达成的沟通自然是顺畅而和谐的。

弗洛伊德是近代伟大的心理学大师之一。一位曾经遇到过弗洛伊德的人这样描述他专注时的姿态："那简直太令我震惊了，我永远都不会忘记他。他的那种特质，我从没有在别人身上看到过，我也从没有见过这么专注的人，有这么敏锐的洞察灵魂和凝视事情的能力。他的目光是那么谦逊而温和，他的声音低柔，手势很少。但是他对我的那份专注，他表现出的喜欢我说话的态度，即使我说得不好，还是一样，这些真的是非比寻常。你真的无法想象，别人像这样听你说话所代表的意义是什么。"而成功大师卡耐基也非常主张使用这一方法，因为这会给对方传递一种积极的正能量。

1.适时探问

如果只是敷衍而木讷地听对方讲述也是不行的，还需要鼓励对方继续说下去。所以，在倾听的过程中要适时地提问，以引起对方的注意和说话的欲望。另外，唱独角戏的滋味真的不好受，这会让对方觉得自己没有受到足够的尊重；而且，适时地提问其实也是一种有效的反馈。

2.注意眼神交流

当你听对方讲话的时候，如果直直地盯着对方，会使对方不想再说下去，这样的眼神显得有些可怕。另外，不能目光呆滞，这表明心猿意马；不能飞眼左右或者低头不语，这表示不尊重；不能眼睛望着别人或者看某个角落，这表示你并没有认真听对方说话。

用热忱传递你的正能量

卡耐基认为，一个人的热忱可以融化所有的壁垒和防备，那是因为它传递的是一种积极的正能量。爱默生曾说："有史以来，没有任何一项伟大的事业不是因为热忱而成功的。"热忱到底是什么呢？卡耐基曾在自己办公桌上挂了一块牌子，在镜子上也挂了同样的一块牌子；而麦克阿瑟将军在南太平洋指挥盟军时，其办公室墙上也挂了这样一块牌子，这三块牌子上写着相同的座右铭："你有信仰就年轻，疑惑就年老；有自信就年轻，畏惧就年老；有希望就年轻，绝望就年老；岁月使你皮肤起皱，但是失去了热忱，就损伤了灵魂。"这几乎是对"热忱"最好的赞美词。当然，这并不是一段单纯而美丽的话语，而是迈向成功的必要途径。热忱，为我们所做的每一件事情都增添了趣味，能够软化他人的冷面孔。哪怕遇到一个再冷漠的人，只要我们怀着热忱的态度，就一定能融化对方、打动对方。

卡耐基曾讲了一个关于拿破仑的故事：

有一次，一位推销员来拜访拿破仑·希尔，希望他订阅一份《周六晚邮》。推销员满脸沮丧，拿着那份杂志向拿破仑提问："你不会为了帮助我而订阅《周六晚邮》吧，是不是？"拿破仑一口就拒绝了推销员的要求，那位推销员阴沉着脸走了出去。

几个星期之后，另一位推销员来拜访拿破仑，她推销六种杂志，其中有一种就是《周六晚邮》。推销员看了看拿破仑的书桌，发现书桌上已经摆了几本杂志，突然热心地惊呼起来："哦！我看得出来，你十分喜爱阅读书籍和各种杂志。"拿破仑放下了手中的稿子，点点头。推销员走到书架前，从书架上取出了一本爱默生的论文集，便开口谈论起爱默生那篇"论稿酬"的文章，不一会儿，拿破仑也加入其中讨论。然后，推销员开始将话题回到了订阅杂志的问题上，她问拿破仑·希尔："你定期收到的杂志有哪几种？"拿破仑·希尔回答了自己订阅的杂志名称，推销员脸上露出了笑容，随即摊开了自己的杂志，她开始分析："我觉得这里的每一种杂志你都需要订阅一份，《周六晚邮》可以让你欣赏到最干净的小说，《美国》杂志可以给你介绍工商界领袖的最新生活动态……像你这种地位的人物，一定要消息灵通、知识渊博，如果不是这样子的话，一定会在工作中表现出来。"拿破仑笑了，问道："订阅这六种杂志一共需要多少钱？"推销员笑着回答："多少钱？整个数目还比不上你手中所拿的那一张稿纸的稿费呢！"最后她离开的时候，带走了拿破仑·希尔订阅六种杂志的订单。

两个推销员同样是向拿破仑推销杂志，但为什么那位女推销员最后获得了成功？事实上，拿破仑自己在回忆这件事情的时候，曾这样说："第一位推销员话中没有以热忱作为后盾，在他脸上充满阴沉而沮丧的神情，他并没有说出任何足以打动我的理由；那位女推销员开始说话，我就从她身上感受到了那股热忱，她通过热忱感染了我、打动了我，促使我不得不订阅那六种杂志。"女推销员通过语言以及行为所传递出来的"热忱"软化了拿破仑的冷面孔，即使拿破仑在之前早已经打定主意不理睬她，但最终还是在热忱的感染与鼓舞下，心甘情愿地掏钱订阅了杂志。

拿破仑·希尔说："热忱是一种意识状态，能够鼓舞及激励一个人对手中的工作采取行动。"其实不仅如此，热忱还具有极强的感染力，不仅仅对怀着热忱的本人产生重大影响，而且还能有效地感染他人、打动他人。对于这一点，卡耐基也是非常赞同的。卡耐基本人是一位崇尚热忱的人，他希望自己能被他人的热忱打动，并且在评估一个人的时候，他不仅仅考虑其能力，还考虑他是否有热忱。

1.热忱是一股涌动的力量

大量事实证明，热忱是交际中必不可少的要素，它能融化冰雪、能软化对方的冷面孔。也许，对方对你的热情一开始并不"感冒"，但是请不要着急，只要你能坚持热情似火，总会打动对方的。

2.缺少热忱，难以打动人

试想，一个人若是缺少了热忱，还能打动谁呢？在与人的沟通过程中，不论对方对自己的话题是否感兴趣，我们都应该满腔热情地和对方"套近乎",保持友好的微笑,用自己的热情去打动对方,如此以诚相待,才能使交流顺利地进行下去。

话不在多,精练才行

在言语沟通的过程中,什么样的语言才能传递正能量呢?当然是精练的语言。卡耐基说:"能管住自己的舌头是最好的美德,而善于约束自己嘴巴的人,会在行动上得到最大的自由。"它给我们这样的启示:话不在多,精练才行。在现实生活中,许多人说话有一个明显的弊病,那就是非常啰唆。他们把一些极为简单的问题复杂化,本来三言两语就能说清楚的问题,非要重复无数遍,结果越说越离谱,最后连自己也搞不懂在说什么。人们通常会从一个人的说话看这个人的做事风格,说话干脆、不拖泥带水的人,大多都是自信心很强、办事果敢的人;而那些长篇大论、废话连篇的人,则通常都思维比较迟钝,做事也显得犹豫不决、优柔寡断。

1863年7月1日,美国南北战争中的一场决定性战役在华盛顿附近的葛底斯堡打响了。经过三天的激战,北方部队大获全胜。战后,宾夕法尼亚等几个州决定合资在葛底斯堡建立国家烈士公墓,把牺牲的全体战士公葬在此。

公墓在1863年11月19日举行落成典礼,美国总统林肯也被邀请到会做演讲。这对于林肯来说有很大的难度，因为这次仪式上的主要演讲者是美国前国务卿埃弗雷特，而林肯只是因为总统的身份才被邀请在埃弗雷特之后讲几句形式上的话。林肯非常明白埃弗雷特的演讲水平，他被公认为是美国最有演说能力的人，尤其是擅长在纪念仪式上进行演讲。而林肯在他之后讲话，无疑有点"班门弄斧"之嫌，如果讲得不好，更会使自己的颜面丧失。

在典礼上，埃弗雷特那长达两个小时的演讲，确实非常精彩。而轮到林肯总统讲话时，出人意料的是，他只讲了十句话，而从他上台到下台不过两分钟的时间，但是掌声却持续了整整十分钟。林肯的演讲不仅仅赢得了当时在场的一万多名听众的热烈欢迎，而且还在全国引起了轰动。当时有报纸评论："这篇短小精悍的演说简直就是无价之宝，感情深厚，思想集中，措辞精练，字字句句都很朴实、优雅，行文毫无瑕疵，完全出乎人们的意料。"就连埃弗雷特本人第二天也写信给林肯："我用了两个小时总算接触到了你所阐明的那个中心思想，而你只用了十分钟就说得明明白白。"林肯这次出色的演讲稿被收藏到了图书馆，演讲词被铸成金文存入了牛津大学，作为英语演讲的最高典范。

林肯在这次演讲中是靠什么取胜的？那就是简洁，他那简短有力的演讲比长达两个小时的精彩演讲更深入人心。很多时候，简洁的讲话比那些长篇大论更容易被人们所接受，"浓缩就是精华"。因为简洁，它所阐明的思想会更有深度；因为简洁，它所表达的意思会更加清晰；因为简洁，它所彰显的内容会更有力度。

在剑桥大学的一次毕业典礼上，整个大礼堂里坐着上万名学生，他们在等候伟人丘吉尔的到来。在随从的陪同下，丘吉尔准时到达，并慢慢地走入会场，走向讲台。

站在讲台上，丘吉尔脱下他的大衣递给随从，接着摘下帽子，默默地注视着台下的观众。一分钟后，丘吉尔才缓缓地说出了一句话："Never Give Up！"（"永不放弃！"）

说完这句话，丘吉尔穿上大衣，戴上帽子，离开了会场。整个会场霎时间掌声雷动。

这是丘吉尔一生中最后一次演讲，也是最精彩的一次演讲。他仅仅用了几个字，就将自己要演讲的内容说了出来，语言贵精不贵多，丘吉尔就是用简洁的语言达到了这个目的。

卡耐基认为，那些思维和认识能力都极为突出的人，说话就会简洁精致，不会把一句话翻来覆去地说。而在当今社会，由于生活节奏快，人们的时间观念强，说话更需要精练，拒绝拖泥带水。

1.话不在多，达意则灵

最会说话的人，往往是语言简洁明了的人。语言的精髓，在精而不在多。那些喋喋不休的人就是口才最差的人，说了一大堆也没有说出主旨，反而还认为自己很棒。事实上，要真正地将自己的话说得高效,就必须让自己的语言简练,让对方能在最短的时间内明白你所说的意思。

2.简洁更有力度

在实际生活中,要想你的语言表达获得较好的效果,就必须讲究语言的简洁、精练,能让他人在较短的时间里获取较多有用的信息;相反,如果你只是空话连篇、言之无物,那么就是浪费他人的时间。毕竟,简洁的话语才显得更有力度,也更容易被听众所接受。

激发出一个人高尚的动机,才能改变他的意志

卡耐基出生在密苏里州的一个小镇,而附近的卡梅镇就是当年的美国大盗奇斯·贾姆斯的故乡,如今奇斯的儿子依然生活在那里。

卡耐基从奇斯的妻子那里了解到,当年奇斯是怎样把抢劫银行和火车得来的钱分给附近的穷人,帮助穷人把抵押给银行的田地赎回来。

和曾经的苏尔滋、"双枪"克劳雷、卡邦一样,当时的奇斯·贾姆斯可能觉得自己是理想主义者。其实事实就是如此,所有你见过的人,甚至是你照镜子所看到的自己,都会感觉自己很崇高,每个人都希望自己是高尚无私的。

银行家摩根曾说:"人会做的每件事都有两个理由,一个是听上去不错,一个是真实的。"

人们会常常思考真实的理由,但大多数人的内心都是理想主义者,更喜欢那个听上去挺好的理由。因此,激发出一个人高尚的动机,才能改变他的意志。假如在商业上使用这个方法,那就是更理想的。

弗利尔先生在宾夕法尼亚州某个房屋公司上班,他遇到了一个总没办法满足的房客,那位房客总说要从公寓搬走,不过那每月55美元的租约还有4个月才到期,但是那位房客才不管什么租约,只说马上要搬走。

之前那位房客在公寓住了整个冬天,弗利尔先生知道如果对方真的搬走了,在秋天之前这间公寓不容易租出去,他焦虑的是自己将损失220美元。

若是换做以前,弗利尔先生肯定让那位房客再读一遍租约,然后大声告诉对方:"你想马上搬走,那依然要全部付清剩下4个月的租金。"但是,弗利尔却不打算使用这个方法。

于是,他对房客说:"先生,听说你准备搬家,不过我相信这不是真的。我敢发誓,你是一个言而有信的人。"房客很安静地听着,弗利尔先生继续说:"现在我建议你可以暂且不考虑搬家,可以再认真考虑一下。在下个月交房租之前,如果你执意要搬,我完全同意。到时我承认自己看错了,不过我依旧相信你会信守承诺,可以遵守当初签下的协议。毕竟我们是否守信用，都完全在于自己选择。"

过了一个月，那位房客主动交租了。他对弗利尔说："我和妻子就这件事商量过了，我们会接着住在这里，毕竟，履行租约是一件十分光荣的事情。"

已故的诺斯克力夫爵士曾发现报纸上刊登出了一张他不希望被公开的照片，于是他给那家报社的编辑写信，希望可以激发对方的高尚动机，他写道："恳请贵报以后不要公开那张照片，因为我的母亲不喜欢那张照片。"假如他这样写："我很讨厌那张照片，请不要再公开那张照片。"那么结果肯定是不能实现他的意愿的。

约翰·洛克菲勒也曾想办法激发他人的高尚动机，他希望记者不要拍摄自己的孩子。他知道每个人都不希望自己的孩子受伤害。所以他对记者说："各位，我相信你们都有自己的孩子。那就应该清楚，孩子是不适合成为新闻人物的。"

柯迪斯出生在缅因州，家境贫穷，后来成为《星期六晚报》和《妇女家庭》杂志主编，挣钱不少。不过在创办报刊初期，因为没钱购买稿子，请不到国内一流作家撰稿。但是，他却有妙计激发人们的高尚动机。

他竟然只签出一张100美元的支票，就请到了《小妇人》的作者路易莎·奥尔科特在她最出名时为杂志撰写稿子，而且这张支票并没亲自交给奥尔科特，而是捐给了她喜欢的慈善机构。

或许有人对此有疑问，这法子对情感丰富的小说家也许有作用。但是，对那些不讲道理的人也适用吗？

确实，任何方法也不可能在任何情况下都产生同样的效果。如果你对此有所怀疑，那不妨尝试一下新方法。

卡耐基曾经决定辞退一些职工。他是这样做的，先认真观察他们这段时间的工作情况，然后让他们来见他，他说："某某先生，你这段时间工作完成得十分好。上次公司派你到组瓦克城办的事情本来不容易完成，但是你做得非常好。公司为有你这样的人才而感到自豪，你有能力，未来一片光明，不论到哪种公司都会做出好的成绩。我们公司相信你，也感谢你，希望以后有机会还请你回来帮忙。"

听到这样的话，即便被辞退，他们也可以愉快接受，而不会觉得受了委屈。他们知道公司如果以后有需要还会请他们回来工作。因此，当新的用工潮来时，公司请他们回来工作，他们就会觉得很亲切。

承认自己或许错了，就可以避免不必要的争论

真·皮尔士是一位唱歌剧的男高音，他的婚姻已接近50周年了。当问他维持婚姻的秘诀时，他说："我和夫人在结婚开始就定下协议。不管我们双方怎样有怨言，都将遵守这项协议。这项协议就是，当一个人在生气时，另外一个人必须安静

倾听。因为如果我们两个人都在发脾气,那就不会有真正的沟通,有的只是很多噪声。"承认自己或许错了,就可以避免不必要的争论。而且,还能够让对方变得和你一样宽容,承认他自己或许是错误的。

罗斯福在白宫当总统时,曾坦言自己定下的最高标准:"如果每天我在处理事务上有75%的决定正确,那就表示这一天我已经做到最好了。"

假设这个所谓的最高标准是20世纪最受关注的人对自己的希望,那么我们普通人又该如何定下标准呢?

如果你能够肯定自己在每天处理日常工作上有55%的正确率,那么你就可以去华尔街找寻财富,娶明星做妻子,买豪华游艇度假了。相反,假如你无法确定,那么你又有什么资格指责他人的荒唐和错误呢?

就算对方确实错了,你也可以用自己的肢体语言、面部神态、说话的语调暗示对方。但是如果你直接告诉对方他错了,你难道还奢望收到对方的感激吗?当然不会,而且这是绝对的,因为你的否定将是对这个人的智力、判断力、自信心,以及自尊等直接的打击。这不仅不会让他改正错误,反而他还会向你表示抗议。即便你使用柏拉图和康德的哲学逻辑跟他讲道理,对方也不会改变自己的意志。

如果你在没办法赢得对方同意时,千万别说:"既然你不愿意承认自己的错误,我会向你证明的。"你说这样的话,就等于在跟对方说:"至少在这件事情上我比你聪明,而且我还可以找出证据来证明你的错误。"

这无疑是一种挑衅的行为,必然会引起对方的反感和不舒服,等不及你拿出证据,对方就已经想要对你开战了。即便你语气含蓄,也很难改变对方的意志,更何况还是处于双方发生争执那样特殊的情境之下。在这时,我们最应该做的就是适当控制自己的情绪。

如果你想指出对方的错误,就不应该直言不讳,而是应该运用一种巧妙方式,这样才不会得罪他人。

吉士伯爵曾告诫儿子说:"最聪明的人是不会告诉别人自己聪明的。"这才是真理所在。

人们的观念在随着时间发生变化,可能我们在20年前认为正确的事情,现在看来已经是错误的了。卡耐基说:"即便我在研究爱因斯坦相对论时,心中也怀有质疑的态度。或许20年后,我再回过头来看自己写的书也会有所质疑。年轻时我喜欢对任何事情随便下结论,我现在已经改变了。"就好像苏格拉底总是反复告诫我们:"我所懂得的唯一的事,就是我一无所知。"

如果有人说了你认为错误的话,你用这样的话来指出,效果肯定是很好的:"好的,我们探讨一下这件事情……因为我有一个不太成熟的建议。当然,或许我的看法是不对的,我常常把事情搞错,假如我不对,我愿意纠正过来……实际上我的意思是……"如果你这样说，那所有人都不会因你这样的表达而指责你。即使是一个科学家也是这样。

史蒂文森既是探险家又是自然科学家，他曾在北极生活了11年，其中有6年时间里只吃肉和水，再也没有其他东西能够吃。他那时候正进行一项试验，当问他这项试验是做哪个方面的求证时，史蒂文森是这样回答的："一个严谨的科学家是永远不敢求证什么的，我做这个只是试着去寻找事物本来的面目。"

你当然希望自己思维有逻辑，当然，没有人可以阻止你，除了你自己。只要是及时承认自己犯错，就不会有其他事情带来困扰，就不会与人发生冲突。而与你一起工作的人，也会受到你这样自我批评的影响，在他出现错误时反省自己。

如果你知道一个人犯了错，然后直言不讳地告诉他，或者训斥他，那么结果可能是严重的。

S先生是纽约市一个年轻的优秀律师，前一阵子他在美国最高法院为一个非常重要的案子辩护，重要的是，这是一桩涉及巨额资金和重要法律问题的案子。

在案件辩护过程中，审理这个案件的一位法官问S先生："海军法的申诉期限是6年吗？"听到这样的话，S先生直视法官的眼睛，思考了一会儿说："法官先生，海军法里并没有这个条文。"这话一出口，让整个法庭瞬间陷入一片安静，气氛瞬间降到了冰点。S先生知道自己是正确的，是法官错了，因此他当场指出了法官的错误。在这样的情况下，法官会有什么样的态度呢？当时，S先生思考了很多，但他仍坚信自己讲的话在法律条款中是有根据可查的，他很清楚自己的这场辩护比过去任何一场法律辩护都要好。但是他错了，最后他还是没能说服法官。S先生知道自己失败的原因，那就是当众指出那个有学问又在法学界有权威的法官的错误。

在生活中，只有很少的人才具有逻辑推理能力，而大部分的人依然怀有成见，每个人都不可避免地受到嫉妒、猜测、恐惧以及傲慢的伤害。大多数人根本不愿意改变自己的宗教信仰、长久养成的生活习惯，甚至是他们的发型。假如你决定告诉一个人他不对，那么真诚地建议你每天吃早饭时再阅读一遍鲁滨逊教授所写的一段文章：

在生活中，我们有时会发现自己在无形之中改变了一些生活习惯或对这个世界的态度。不过如果有人指出我们的错误，我们会因面子受损而羞愧、愤怒，甚至怨恨那个指出我们错误的人。如果是因为生活压力改变了自己的意愿或生活习惯，我们是不那么在意的，不过一旦有人想要改变我们已养成的习惯，我们自己就会忽然变得固执起来，即便我们也意识到这些习惯对自己不好。结果之所以是这样，仅仅是因为我们感到自己的自尊受伤，而非我们强烈偏好那些坏习惯。

人类最重要的词汇之一就是"我的"，假如可以适可而止地加以运用，那就是智慧的开始。"我的"饭、"我的"狗、"我的"房子、"我的"父亲、"我的"上帝等，这些词汇都具有巨大的力量。

我们并不仅是反对别人指出错误，而是完全不喜欢有人来纠正"我们的"错误。我们很愿意将自己认为对的事情坚持到底。假如有人突然质疑我们，我们肯定会特别反感，然后使用各种方法来为自己进行辩护。

当我们有错的时候，自己或许会承认。假如对方给予我们承认错误的机会，我们则会从内心感激，完全不需要对方的提醒，我们自然就认了。但是强迫把不合适的话语说给我们听，不仅我们自己没办法接受，而且后果也是难以想象的。

美国南北战争时期，格利雷是一位与林肯政见不同的知名评论家。为此，格利雷常常在自己的政论文章里讥讽、辱骂林肯，自以为这样的方式会让林肯屈服。他总是坚持不懈地攻击林肯，甚至在林肯被刺的那天晚上，格利雷还写了一篇粗鲁、尖酸的文论嘲笑林肯。

难道这些尖酸刻薄的文章就能够让林肯屈服吗？当然，这是完全不可能的。

第七章

职场交际,深谙这些智慧让你游刃有余

你需要去挣钱，但不能被钱所羁绊

通常情况下，一个成功者需要具备许多条件。卡耐基认为，任何一个活跃于职场的成功者，都善于借用他人的力量来为自己创业。就算是开始创业时没有钱，也并不妨碍他会成功，这就要学会让钱来为自己工作，而不是自己为钱工作。在卡耐基看来，一个人生活在世界上，需要去挣钱，但不能被钱所羁绊，挣钱也是需要讲究技巧和方式的。以成功投资大师巴菲特为例，美国布隆伯格公司2002年公布的一项报告显示：当年个人资产已经达到305亿美元的巴菲特依然拿着低廉的工资——每年33万美元，这仅相当于一名硅谷软件工程师的薪酬。而在这次加薪之前，他的工资在很长一段时间内是每年10万美元左右。当人们惊呼巴菲特工资如此之低的时候，他却只说了一句话："不要为钱工作！"而这句话也恰恰是卡耐基对许多职场人的忠告。

在哈佛大学，当学生们向巴菲特提问"如何才能创造成功人生"和"如何才能赚到更多的钱"时，巴菲特说了这样的话："在校学习当然是好事，但是不能过多，除非你想成为教授，这是必须拿来使用的，而不是用来存储的。"针对那些热衷于拿学位的学生，巴菲特说："只要接受过正规培训就可以去实践，不要仅仅为吸收知识而学习，就像不要为老年而节省一样。"

与此同时，巴菲特还对MBA学生关于新工作的幻想和期望提了这样的建议："这和美满婚姻是同样的道理，在婚姻中感到幸福的人，不是因为他们的伴侣比常人更漂亮、富有或者体贴，而是因为他们对其伴侣的期望值比常人更低一些。"

哈佛更多的MBA学生对于薪酬和个人兴趣感到十分苦恼和矛盾。对此，个人财富达到429亿美元的巴菲特的回答是："不要总是把赚钱放在第一位，为了钱而工作就好比为了钱而结婚，在任何情况下都会使自己觉得恶心。而如果你已经很有钱了，却还要继续为了钱而工作，那么简直就是疯狂和荒唐！"

巴菲特本人就不是为钱而工作的人，他说："我每天工作8个小时，每晚睡在一个普通的床垫上，而不是十个八个。当你们在麦当劳吃饭的时候，我通常在冰雪皇后（Dairy Queen）用餐，我们拥有它的股份，所以可以享受折扣。"直到现在，巴菲特依然住在自己40年前用31500美元买的旧房子里，他说："对于任何物质的东西，我通常不是很感兴趣。"唯一让巴菲特觉得自己可能与普通人不一样的，就是他经常乘坐私人飞机在美国飞来飞去。

巴菲特说："一生能够积累多少财富，不取决于你能够赚多少钱，而取决于你如何投资理财，钱找钱胜过人找钱，要懂得让钱为你工作，而不是你为钱工作。"如果我们能有幸看见巴菲特的办公室，那一定会惊呆。因为巴菲特的办公室十分简单：没有任何装饰和摆设能与财富联系在一起——没有华尔街、没有镏金的吊顶、没有气派的老板桌、没有交易员队伍、没有计算机、没有显示股价信息的电子屏幕，甚至连股票价格图表都没有，有的只是一只古老的钟表和大量的财经报纸。我们可以感受到，这是一间没有任何财富和金钱气息的办公室。

卡耐基认为，支撑工作最根本的力量是热情，它会让一个人在工作中爆发出源源不断的正能量。卡耐基最初开办培训班的时候，并非为了生计，而是为了帮助更多的人。当然，当一切都走向成功之后，卡耐基除了赢得财富，还有名利以及成功大师的美誉。不过自始至终，他都不只是为了钱而工作，是为了心中的梦想而工作。

1.把工作当成事业

在现实生活中，不少人把自己的工作当成是一种交易：我为老板打工，老板给我工资。不过在巴菲特的眼里，工作就是一份事业，那是自己需要经营的。因为心中有这样的概念，所以才会对工作更加用心，才会体会到其中的乐趣。当巴菲特在家里熬夜分析财务报表的时候，他并不会感到辛苦，因为他不会为工作所累。他认为，当自己感到事业不如意的时候，可以选择退出或转行。

2.热爱自己的工作

威廉·费尔波是耶鲁最著名而且深受欢迎的教授之一，他非常热爱自己的工作，曾经这样谈起自己的工作："对我来说，教书凌驾于一切技术或职业之上。如果有热忱这回事，这就是热忱了。我的爱好是教书，正如画家爱好绘画，歌手爱好唱歌，诗人爱好写诗。每天起床之前，我就兴奋地想着有关学生的事……人的一生之所以能够成功，最重要的因素是对自己每天的工作抱着热忱的态度。"

要拒绝懒惰，拥抱正能量

懒惰是一种负能量，我们要拒绝懒惰，拥抱正能量。卡耐基是一个勤勉的人，在16岁的时候，他不得不在自家的农场里干很多的活。每天早上，他骑马进城上学，放学后便骑马急匆匆地赶回家里，挤牛奶、修剪树木、收拾残汤剩饭喂猪。而当他去上学的时候，瘦弱、苍白的他永远穿着一件破旧而不合身的夹克，总是一副失魂落魄的样子。然而，正是这样一个没有自信，几乎被各种各样莫名其妙的忧虑缠绕的小伙子，最终却成为给别人自信，让人们乐观的心理激励大师，这是为什么呢？当然是勤勉。卡耐基的座右铭之一就是——拒绝懒惰。中国有句古话："一屋不扫，何以扫天下？"当我们不能勤勉地工作，又怎么会为日后的成功打下基础呢？那些"一屋不扫"的懒惰者，最终会被埋葬在一屋子的灰尘中，再也放射不出闪亮的光芒。

卡耐基曾讲述了这样一个故事：

阿尔伯特·哈伯德出生于美国伊利诺州的布鲁明顿，父亲既是农场主又是乡村医生。年轻时的哈伯德曾在巴夫洛公司上班，是一名很成功的肥皂销售商，但是他却对此感到不满足。1892年，哈伯德放弃了自己的事业进入了哈佛大学，然后又辍学开始到英国徒步旅行，不久之后在伦敦遇到了威廉·莫瑞斯，并喜欢上了莫瑞斯的艺术与手工业出版社。

哈伯德回到美国，他试图找到一家出版社来出版自己的那套《短暂的旅行》的自传体丛书，但是没有找到任何一家出版社愿意出版。于是，他决定自己来出版这套书，他创建了罗依科罗斯特出版社，哈伯德的书出版之后，他便成为既高产又畅销的作家。随着出版社规模的不断扩大，人们纷纷慕名而来拜访哈伯德，最初游客会在周围的旅馆住宿，但随着人越来越多，周围的住宿设施已经无法容纳更多的人了，哈伯德特地盖了一座旅馆，在装修旅馆时，哈伯德让工人做了一种简单的直线型家具，而这种家具受到了游客们的喜欢，哈伯德又开始了家具创造业。哈伯德公司的业务蒸蒸日上，同时出版社出版了《菲士利人》和《兄弟》两份月刊，而随后《致加西亚的信》的出版使哈伯德的影响力达到了顶峰。

有人说，阿尔伯特·哈伯德是无比传奇的一个人，他之所以在多方面都能获得成功，正是因为他从来不懒惰，而是保持勤勉的个性，不断地朝着自己的一个又一个目标努力奋进。阿尔伯特·哈伯德是一位坚强的个人主义者，一生坚持不懈、勤奋努力地工作着，成功对于他来说是理所当然的。

有人甚至给那些懒惰的人下定义为：把不愉快或成为负担的事情抛至脑后，或推迟做。如果你是一个懒惰的人，那生活中的你大部分时候都在浪费时间，无所事事，即便是做一件事情，也是担心这个担心那个，或者找借口推迟行动，结果往往错失了机会和灵感，到了最后只会抱怨上天的不公平。正所谓"天道酬勤"，克制自己内心的惰性，当自己想偷懒的时候，鼓励自己再坚持一下，这样就可以如期完成目标。

卡耐基认为，懒惰不仅是一个人成功的大敌，更是一个人不良情绪的源头。在充满困难与挫折的人生道路上，懒惰的人过着极为单调的生活，在他们的生活里，只习惯于等、靠、要，从来不想发现、拼搏、创造，最终不仅错过了多姿多彩的生活，而且将一事无成。

1.拒绝懒惰

在《致加西亚的信》中，阿尔伯特·哈伯德讲述了罗文送信的情节："美国总统将一封写给加西亚的信交给了罗文，罗文接过信以后，并没有问：'他在哪里？'而是立即出发。"拖沓、懒散对许多人来说已经是一种生活常态，要想成为罗文这样的人，我们就应该拒绝懒惰，努力让自己变得勤勉起来。

2.不要把昨天的活儿拿到今天来干

上天总是偏爱那些勤奋的人们，多一分耕耘，就多一分收获，你付出得越多，得到的回报就一定越多。换句话说，机遇和灵感往往只会垂青那些孜孜以求的勤勉者。这个道理启示我们：在通往成功的路途中，需要忍耐惰性，努力让自己变得勤奋起来。曾有人问一个懒惰的人："你一天的活儿是怎么干完的？"这个人回答："那很简单，我就把它当作昨天的活儿。"正是惰性使然。其实，懒惰的人何止是把昨天的活儿拿到今天来干！

仅仅有努力还不够，必须全力以赴才行

卡耐基的成功是建立在全力以赴、尽职尽责做好日常工作的基础之上的。千万不要小看一些事情，它们往往是决定成败的关键。做每一次培训，卡耐基都是全力以赴、尽职尽责。当他在完成一本书的时候，不管结果怎么样，总是先问自己：在做这件事情的时候，自己是否考虑全面，是否竭尽全力？这是卡耐基通常的习惯，也正因为这个习惯，使得卡耐基在每一次培训中总能收获很多，因为每一个细节他都考虑到了，他从来不做半途而废的事情。

有一只品种优良的猎狗，被主人训练得十分壮硕，追捕猎物速度很快，而且反应非常敏捷。对于追捕猎物这件事，这只猎狗可以说是驾轻就熟。

有一次，主人又带着这只猎狗去狩猎，老远发现一只狐狸，主人用枪射击，准头不够，让狐狸给逃脱了。主人一声令下，猎狗于是展开自己最拿手的追捕工作。不过，森林是狐狸的天地，它对路径十分熟练，跑得飞快，但猎狗也不含糊，追捕之间，过程紧张迭起。

眼看就要追上，突然一个窜身，狐狸转往另一条路径去了，猎狗一不留神，身子受了点擦伤，有点痛。它一边舔着自己的伤口，一边想："唉！我追得这么累干吗？追不到狐狸，我也不会饿肚子啊！"念头刚刚闪现在脑海里，它的速度就已经慢了下来。这时狐狸又跑远了。

算了，现在早已脱离了主人的视线，反正主人看不到。猎狗又起了放弃的念头，速度便迟缓起来。

最后，狐狸终于逃脱了猎狗的追捕。

一个人做任何事情，心中的意图强烈与否会大大影响到最终的结果。猎狗没有饿肚子的威胁，因此放弃的念头轻易闪现，总是想着自己的退路，所以很容易就放弃了。而这对狐狸而言却是一场生死竞跑，跑慢了就会没命，所以它不敢偷懒，只有不断向前跑才能活命。做任何事情都是一样的道理，当我们全力以赴、破釜沉舟，就一定能成功。假如我们心中有预想，为失败找好了退路，那么成功就比较困难。

卡耐基经常会讲述一个关于比尔盖茨的故事：

在美国西雅图的一所著名教堂里，有一位德高望重的牧师——戴尔·泰勒。有一天，他郑重其事地向教会学校的学生们承诺：谁要是能背出《圣经·马太福音》中第五章到第七章的全部内容，他就邀请谁去西雅图的"太空针"高塔餐厅参加免费聚餐。《圣经·马太福音》中第五章到第七章的全部内容有几万字，而且不押韵，要背诵其全文无疑有相当大的难度。尽管参加免费聚餐是许多学生梦寐以求的事情，但是几乎所有的人都浅尝辄止、望而却步了。

几天后，班中一个11岁的男孩儿，胸有成竹地在泰勒牧师面前，从头到尾地按要求背了下来，竟然一字不漏，没出一点差错，而且到最后简直成了声情并茂的朗诵。

泰勒牧师比别人更清楚，就是在成年的信徒中，能背诵这些篇幅的人也是罕见的，何况是一个孩子。泰勒牧师在赞叹男孩那惊人记忆力的同时，不禁好奇地问："你为什么能背下这么长的文字？"

这个男孩不假思索地回答："我竭尽全力。"16年后，这个男孩成了世界著名软件公司的老板，他就是比尔·盖茨。

卡耐基认为，当我们毫无保留、竭尽全力地去做一件事情的时候，结果往往是成功的。在生活中，这样的例子很多，有些事情从表面上看是极其困难的，但只要我们全力以赴，不保留、不妥协，不总是想着自己还有退路，最终就会成功。很多时候我们之所以失败了，不是因为路途太艰难，而是我们丧失了继续前进的勇气，也就是说我们没有付出全力。

卡耐基认为，每个人都有极大的潜能，一般人的潜能只开发了2%~8%，即便是像爱因斯坦那样伟大的科学家，也只是开发了12%左右。有人得出了这样一个结论：一个人假如开发了50%的潜能，就可以背诵400本教科书，可以学完十几所大学的课程，还可以掌握二十来种不同国家的语言。"我已经努力了"这样的辩解是苍白的，因为仅仅有努力还不够，必须全力以赴才行。

1.不要总想着退路

只有不留退路，才更容易找到出路；反之，如果总是想着退路，就很难获得成功。一个人若是太纵容自己的懒惰和欲望，就很容易迷失方向。或许有人会说，不留退路是不明智的选择，有了退路，才能在危险的浪潮中获得更多生存的机会。然而，人们很容易忽视，对于大多数人而言，退路往往是诱惑人、蒙蔽人的因子，只要想到了退路，就会觉得这次不全力以赴下次还有机会，而在这个时候，成功往往会与我们失之交臂。

2.再苦再累也要支撑下去

眼前的苦与累又算得了什么呢？再苦再累都只是暂时的，只要熬过这段时间，便会苦尽甘来，从而尝到成功的滋味。上帝总是在让我们获得快乐与幸福之前，习惯性地给我们一些考验，即便在我们看来这个考验的过程又苦又累，但只要全力以赴、努力支撑，遇到再大的困难与挫折也不放弃，那我们就一定能品尝到成功的快乐。

流泪撒种的，必欢呼收割

卡耐基认为，一个人的成功跟他是否勤勉有着重要的关系。如果一个人是勤奋的，那么他就拥有了成功的机会；如果一个人是懒惰的，那么他就一定不会成功。人们通常认为，勤勉和成功是互相制约的，经常会有很多人因为勤勉而成功，但却很少有人因为懒惰而成功。虽然你的勤劳并不一定会给你带来成功，但是无论如何，每个人都要辛勤工作，因为这是获取成功最基本的条件。《圣经》中有句话："流泪撒种的，必欢呼收割。"远古的时候，人们为了生火，就要花很长的时间去摩擦木头或者石头；要吃果实，就要爬到很高的树上去摘。而如果能够成功地生起一堆火，成功地摘得果实，那么背后一定有着辛苦。

卡耐基曾讲述了这样一个故事：

哈德良皇帝看见一个老人正在努力种植无花果树。于是，他问老人："你是否期望自己能够享受果实呢？"

老人回答:"如果我不能活到吃无花果的时候,我的孩子们也将会吃到。或许上帝会因此特赦我。"

"如果你能够得到上帝的特赦,吃到这棵树的果实,那就请你告诉我。"皇帝对他说。

随着时间的逝去,果树果然在老人的有生之年结出了果实。老人装了满满一篮子无花果去见皇帝,他说:"我就是你看见过的那个种无花果树的老人,现在无花果成熟了,这些无花果是我的劳动成果。"

皇帝命他坐在金椅子上,为他的篮子里装满了黄金。可皇帝身边的仆人表示反对:"您想给一个老犹太人那么多荣誉吗?"

皇帝回答:"造物主给勤劳的人以荣誉,难道我就不能做同样的事吗?"皇帝说得很对,上帝和人们通常都是把奖赏给那些勤勉的人。老人因为勤劳,得到了上帝的特赦,在自己的有生之年吃到了无花果。在犹太人看来,懒惰将会使一个人一事无成,所以他们选择了勤勉,只有勤勉的人才会尝到胜利的果实。

犹太大亨洛克菲勒就是一位在工作中异常勤奋的人。一天24个小时中,他的工作时间一般都在十五六个小时,超过一天的大半时间。而有的时候,他甚至可以一天工作十八九个小时。有人计算,他一生中平均每周工作76个小时,只休息很短的时间。经常是别人已经下班了,他还在勤奋地工作。他常常对别人说:"如果你什么都不想干,那一天工作8个小时就可以了,可是如果你想干点什么,那么当别人下班的时候,正是你工作的时候。"别人问他:"你怎么能一天工作20个小时?"他却说:"一天工作20个小时怎么可以,我需要一天工作48个小时。"当人们看到他的时候,他总是在不停地忙于工作。于是凡是认识他的人都说他只有睡觉和吃饭的时候不谈工作,其余时间他都是泡在工作里。这位世界级的大富翁就是这样紧张而勤奋地工作着的,所以他才取得了举世瞩目的成就。

洛克菲勒之所以能够获得成功,就在于他始终如一地保持勤勉的态度。他的勤勉已经变成了顽强的奋斗,在他眼里,一天24小时都已经不够用了,他希望能在一天内工作更长的时间。其实,卡耐基一直把洛克菲勒当作自己勤勉工作的偶像,他认为只有勤勉的人才能够尝到胜利的果实,只有勤勉的人才能够得到命运的眷顾。所以,不管是洛克菲勒还是卡耐基,都用自己的实际行动证明了这样一个道理:如果你是一个做事勤勉的人,那么成功已经离你不远了。

《羊皮卷》这样劝告世人:"最难受的工作是无所事事,最愉快的工作是人们忙于工作。"辛勤地工作,会让你每天都充满正能量。卡耐基崇尚工作,并十分讨厌整天无所事事,到处游走,因此整天勤勉甚至紧张的工作才是他所喜欢的。卡耐基成功的秘诀之一就是努力培养自己勤勉的习惯,因为这是成功的关键,而正是这种"成事在于勤,谋事须忌惰"的精神成就了卡耐基的成功。

1.勤勉是成功之本

卡耐基认为，在孩子们小时候就开始培养他们勤勉的习惯，这有利于孩子们更早地意识到勤勉的作用。他们会明白，如果很懒惰，那么就什么也得不到；如果很勤奋，就能够得到奖赏。因为从小树立起来的观念，会让他们在成长的路途中，更懂得怎么认真地去做每一件事。

2.成事在勤，谋事忌惰

韩愈曾说："业精于勤荒于嬉，行成于思毁于随。"一个人要想成就一番事业，一定要守住"勤"字，忌掉"惰"字。面对生活或者事业，你用什么样的态度付出，就会得到什么样的回报。如果你以勤付出，回报你的，也必将是丰厚的硕果；相反，以惰付出，生活是不会赐予你任何东西的。懒惰的人是思想上的巨人，行动上的矮子。如果你懒惰地面对自己的人生，那么其实就是把自己的生命一点点送入虚无。一个成功的人，是不会给懒惰任何机会的。

要想获得成功，就必须从一件件小事做起

卡耐基经常告诫年轻人："别想一下就造出大海，必须先由小河川开始。"在卡耐基的思想里，世界上没有一步登天的奇迹。所以他恪守"脚踏实地"的原则，做任何事情都循序渐

进，就好比投资。卡耐基认为，如果要想获得成功，就必须从一件件小事做起，哪怕这些小事微不足道。他只专注于所拥有的工作，并借自己成功的经历告诉人们：用投机取巧的方法来获得成功，那是永远不可取的。可能你在短时期内会获得一两次的成功，但是不能获得长久的成功。卡耐基更愿意慢慢地一砖一瓦，踏踏实实地工作，最后建造出属于自己的美丽城堡。

卡耐基曾讲述过这样一个故事：

哈同在1872年独自一人来到中国上海谋生，当时他只有24岁。他看起来是一个年轻力壮的青年人，但是除了自己穿着的衣服以外，他一无所有。他既没有一点资本，也不懂专业知识和技术。但是他来中国是赚钱发财的，于是，他结合自身的情况，决心从一个立足点开始。

他凭着自己长得魁梧高大，在一家洋行找到了一份看门的工作。哈同并没有因为自己的这份工作感到丢脸。他认为通过自己为别人看门赚来的钱也是一种报酬，并没有使自己失去身份。他希望把这份工作作为一个立足点，通过自己的努力奋斗，积蓄力量，找到能赚更多钱的路子。

哈同对自己的工作非常认真，忠于职守。另外，他还常常利用晚上休息的时候阅读一些经济和财务的书籍，以增加知识。老板渐渐发现哈同是个出色的员工，而且很聪明，于是就把他调到业务部门当办事员。

哈同一如既往地工作，业绩也越来越突出，逐步被提升为行务员、大班等。这时候，他的收入已经大大增加了。可是满怀志向的他并没有知足，他想拥有自己的企业。于是，在1901年他借故离开了工作岗位，开始独立经营商行。

哈同给自己创办的商行取名为"哈同商行"，主要以经营洋货买卖为主，他独特的眼光使他发现洋货在中国市场上的竞争品不是很多，消费者难以"货比三家"。因此，他通过信息的不对称获得了高额利润，将自己的商行越办越大。

哈同能够从一个看门工做到商行的老板，正是体现了"脚踏实地"做人的智慧。看门工，可能是大多数人都瞧不起的工作，换作别人是不愿意干的，他们觉得自己相貌堂堂，年轻高大，怎么会屈于当站门雇员。可是哈同反而认为这是他成功的一个起点。注意到哈同的工作历程，就不难发现他成功的秘诀，那就是"脚踏实地，循序渐进"。他对自己的每一份工作都勤勤勉勉，忠于职守，并且不是急于求成，而是循序渐进，慢慢登上成功的宝座。

卡耐基认为，人就应该从基础做起，认真完成每一项工作。人们应该通过认真工作来陶冶自己的情操，坚守脚踏实地而不是好高骛远的工作态度，这样才能逐渐积累自己丰富的阅历和宝贵的工作经验，而这对于以后从事更富有挑战性的工作是一个准备。最后当他们面对比较复杂的工作的时候，依然能够胸有成竹地去完成它。卡耐基经常告诉年轻人，"工作无大小"。任何一项工作都需要我们认真对待。只有当你用心去面对一切的时候，才能够做到认真处理每一件事情，这样才能为自己积累更多的经验，也才能完成领导交给我们的任务。

1.罗马不是一天建成的

卡耐基经常对学生说："罗马不是一天建成的。"而巴菲特本人也正是坚信这样的道理，所以才能够在世界享有盛名。中国也有句相似的格言："千里之行始于足下。"它们所表达的是同一个意思。我们在面对任何一件事情的时候，都要脚踏实地、循序渐进，才能获得最后的成功。正所谓"一屋不扫，何以扫天下"。凡想成大事者都需要从小事做起，踏踏实实地做好生活中的每一件事。

2.从最底层做起

犹太巨商中的大多数人都是通过白手起家获得成功的，在职业之初，他们一般都是从事最底层的工作。但是他们并没有因此而气馁，相反，他们把底层作为展现自己的平台，作为成功的开端。无论他们的工作是多么平凡、多么不起眼，他们都能够将那些看似普通而又细微的工作干得很出色。

养成做事严谨、珍惜时间的习惯

卡耐基认为，行动的天敌常常是人们的拖延，而能够停止拖延的最好办法就是马上付诸行动。犹太人只占全世界人口的百分之一，但全球百分之七的财富却掌握在他们手中。其中的一个重要原因，就是犹太人总是做行动的主人。犹太人做任何事情都尽自己最大的努力，从来不把今天的事留到明天。他们做事情绝不会拖延，而是今天的事情今天做，时刻谨记"今日事，今日毕"。卡耐基的时间观念很强，所以他绝不会拖延时间，也不会浪费时间，总是致力于做好一件事。如果他认定是今天必须要完成的事情，就会竭尽全力去完成它，哪怕别人已经下班了，他也要坚持把事情做完。于是他养成了做事严谨、珍惜时间的习惯，这也成为他能够成功的一个重要条件。

卡耐基举了这样一个例子：

马克·吐温曾经说过："如果你每天早上醒来之后所做的第一件事情是吃掉一只活青蛙的话，那么你就会欣喜地发现，在接下来的这一天里，再没有什么比这个更糟糕的事情了。"由此引发出"青蛙"规则，对每一个人而言，"青蛙"就是最重要的任务，如果我们现在对它不采取行动的话，就很可能会因为它而耽误时间，它也可能对我们的生活产生很大的影响。

有人引申出了"吃青蛙"的两个规则。一是如果你必须吃掉两只青蛙，那么要先吃那只长得更丑陋的。简单地说，假如在一天里我们面临两项重要的任务，那么我们应该先处理更重要的一项，即使重要的任务总是棘手的。养成这样的习惯，而且一开始就要坚持到底，完成一个目标再接着开始另外一个目标。

二是如果你必须吃掉一只活的青蛙，那么即使你一直坐在那里并盯着它看，也无济于事。摆在面前的即使是一项非常难做的任务，也需要立即行动，漫无目的地思索以及任由内心惰性滋长只会浪费更多的时间，影响我们完成任务。

为了达成既定目标，提高自己的工作效率，要立即行动，即"吃掉那只青蛙"所阐发出来的理论：每天早上要做的第一件事情，就是对你来说最重要的那件事情，并使之成为一种习惯。这样时间久了，自然就能养成"今日事，今日毕"的好习惯。大量的研究表明，那些成功人士身上最显著的共性是"说做就做"。一旦他们有了明确的目标，就会立即展开行动，一心一意、持之以恒地完成这项工作，直至达到目标为止。

如果你走进卡耐基的办公室，就会发现在他的办公桌上，没有"未决"的文件。卡耐基的时间观念极强，他绝对不会浪费时间。在他"今天的事情今天完成"的观念里，积压文件的做法是非常不可取的。因为一旦发现在办公桌上有待批的文件，里面极有可能有一批是极其重要的。如果没有按时处理，就可能会耽误很重大的事情，而这是在变相地浪费时间。

1.珍惜时间

金钱能储蓄，而时间不能储蓄。金钱可以从别人那里借，而时间不能借。人生这个银行里还剩下多少时间我们无从知晓。因此，时间更重要。卡耐基用投资来作比喻，投入多少不能用金钱来衡量，而要用时间来计算。他觉得，在时间和金钱这两项资产中,时间显得更为重要,只有时间才是最宝贵的。他还认为,一个人认识到时间宝贵的那一刻,也会变得富有。时间观念极强的犹太人,无论是在生活中还是在工作中,都极为珍惜时间。所以,他们做任何事情的原则就是今天能完成的事情绝对不会拖到明天。

2.看谁跑得快

懒惰是借口的来源,如果我们不想再为自己找借口,那就必须让自己变得勤奋起来。生活给我们每个人一样的平台,谁跑得快,谁就能第一个站在台上接受鲜花和掌声。假如你跑得慢,就只能在后面忍受别人的讥讽。懒惰是一种习惯,勤奋也是一种习惯,既然都是一种习惯,为什么不让自己变得勤奋一些呢?

第八章

婚恋艺术，与爱人相处需要掌握这些智慧

爱情里，只有合适的才是自己所需要的

每个人都有买鞋子的经历，也许，当我们站在橱窗外，看着橱窗里那漂亮而款式新颖的鞋子就会觉得兴奋不已，甚至还会以自己独特的审美目光选出最好的一双鞋子。于是，自己迫不及待地取过来试穿，才发现不是太大了就是太小了，或者那看似别样的款式并不适合自己，望着镜子，自己都会觉得别扭极了。而这时候，美丽的导购小姐会极力向你推荐："您可真有眼光，这可是我们店里最好的款式，我看挺适合您的。"在你没有忘记微笑之余，还是会带着遗憾离开，因为不合适的鞋子买来根本没有用处。其实，那挑选鞋子的过程就是我们寻找爱情的过程。爱情，就如鞋子一样，只有合适的才是自己所需要的，那些外表光鲜亮丽的鞋子，有时候并不适合自己。现在，游荡在爱情城堡周围的男男女女越来越清晰地认识到：最好的未必是最合适的，而最合适的才是最好的。的确如此，一双再漂亮的鞋子，如果连合适都谈不上，又怎么会是最好的呢？它只适合放在橱窗里供人欣赏，而不适合带回家。所以在爱情的世界里，学会正确地取舍，选择最合适的，舍弃那看似最好的，才能收获最美丽的爱情。

小娜在一家公司做销售，人很漂亮而且能力强。虽说才刚

刚大学毕业，可是在短短的一年之内，她居然将营业额升到了占全公司的三分之一，作为一个初出茅庐者，确实不同凡响，她也因此而令人刮目相看。

最近，大家听说她谈恋爱了，都觉得很好奇，很想知道这位传说中的男士是怎么俘获她的芳心的。昨天，她偕男朋友与公司同事见面了，满足了大家的好奇心，同时也让大家大跌眼镜。这位Mr. Right细高个儿，其貌不扬，看起来很斯文，不怎么爱说话，据小娜介绍是在旅行社工作。同事们都觉得这位男士硬件和软件都不怎么样，与漂亮能干的小娜站在一起，给人极不相配的感觉。而且，由于同事们都很佩服小娜的能力，以前还私下评论过她未来男朋友该如何如何的了不起和能干，没想到现在居然是这个样子。特别是同事小孟对这总不愿相信，还不停地摇头："真想不到，这么漂亮的女孩最终找了这样的一个人，我真不能接受。"可是，看着小娜挽着男朋友那幸福的样子，大家又觉得很释然。

爱情的最终目的不过是幸福，不管别人是怎么看的，只要你觉得最适合你，那就是最幸福的。在爱情的世界里，没有最好的，只有最合适的，这就要看你如何来取舍了。小娜的选择是最适合她的，因为大家看到了她眼中飞扬的神采，还有她男朋友欣赏和赞许的目光。或许在外人看来，这两人显得不那么般配，但鞋子合不合脚，只有脚知道，幸福终究是属于自己的。所以，要想赢得爱情，那就选择最合适的，而不是最好的。

女人大多嫁不了有钱人,男人也大多娶不到漂亮女人,但是,他们依然过着幸福的生活。因而,有这样一句话:爱情,寻找最合适的,而不是最好的。也许,我们都很欣赏这样一句话:你不是最好的,但我依然只爱你。仔细回味这句话,我们能感受到那种乐观豁达而又理智执着的爱情。当一个最好的与最合适的放在你面前,你会怎么来选择呢?最好的也许会带给你物质上的充足,却无法满足你精神上的贫瘠;最合适的会给你带来精神上的极大满足,从而使爱情变得完美。物质生活,可以用双手来创造,而精神生活却是无法被创造的。

1.爱情到底是什么

爱情就是当你知道他并不是你所崇拜的人,而且清楚地知道他还存在着种种缺点,却仍然选择了他,并不因为他的缺点而抛弃他的全部、否定他的全部。如果有一个人,他在你的心目中是绝对完美的,没有一丝缺陷,你敬畏他却又渴望亲近他,这种感觉不可以叫作"爱情",而应该叫作"崇拜"。

2.别人的最好不一定适合你

通常来说,别人认为最好的,不一定适合你。爱情的关键是要两个人都能配合对方的脚步,有一双欣赏的眼睛和一双愿意倾听的耳朵,一起发现爱的真谛。在我们短暂的生命中,又有什么才是永恒的呢?金钱还是权力?名誉还是地位?其实,这都不是永恒的,只有爱才是永恒的,是一种恒久的财富。当岁月流逝，我们需要的不是高高在上的地位，也不是手中至高无上的权力，而是来自爱情的温暖与体贴。

3.合适是最好的

这个世界优秀的人很多，合适的人却很少。那些优秀的人对自己未必是最好的，而合适的必定是最好的。我们的一生中都处在取舍之间，要学会拒绝那最好的却不适合自己的，选取最合适的爱情。在最合适的爱情里，有一种难以言说的契合，你可以在他那里看到你自己。每个人活着就是为了找到自己，如果你能在他那里找到自己，就选择他吧。因为，他对于你而言是再合适不过的，没有人会比他更好了。

能将爱情毁灭殆尽的，就是喋喋不休

在所有一切烈火中，能将爱情毁灭殆尽的，也是最致命的就是喋喋不休，它简直如同毒蛇的毒汁，不断侵蚀着人们的生命。

拿破仑·彭纳派德是拿破仑三世的侄子，他与美女郁金妮十分相爱，并最终结成连理。对于这一婚事，拿破仑·彭纳派德的顾问们的看法是：她只不过是一位无足轻重的西班牙伯爵的女儿，但拿破仑·彭纳派德却反驳道："那又如何，我已经深深爱上了这位我所敬爱的女人了，我对她十分了解。"的确，拿破仑·彭纳派德已经深深迷上了郁金妮的青春、美貌、优雅，这使他无论如何都要娶她为妻。

拿破仑和他的新婚妻子拥有世界上最有可能带来快乐的外在条件——健康、财富、权力、名誉、美貌等，另外，他们还有对爱情的信仰，然而，他们的爱情还未擦出火花便熄灭了，甚至化为灰烬。拿破仑很爱他的妻子，他可以使她成为万人之上的皇后，他能倾尽所有让她快乐，或者献出他爱情的全部力量，甚至连他的权力、地位都能放弃，但让他无奈的是：无法让她停止喋喋不休。

郁金妮整个人都被嫉妒和多疑包围，她不允许拿破仑有自己的任何隐私，很多时候，当拿破仑正忙于国家大事的时候，她不顾他的命令莽撞地冲进他的办公室。她甚至不让拿破仑独处，也不让拿破仑与其他任何妇人交往。她没事的时候就去自己的姐姐家抱怨丈夫，她总是喋喋不休、哭泣、抱怨，甚至是恫吓。她会破门而入到拿破仑的书房，向他发脾气和谩骂。拿破仑，即便他身为全法国的皇帝，拥有着至高无上的地位，拥有着富丽堂皇的宫殿，但却无法找到一个容身之处，哪怕只是一个衣橱。

那么，郁金妮为此而付出的代价是什么呢？从莱茵哈德潜心创作的巨著——《拿破仑与郁金妮：一个帝国的悲喜剧》中，我们可见一斑："后来，拿破仑学会了夜间从侧门偷偷地溜出去，他戴一顶软帽，遮住他的眼睛，然后由他的亲信随从着，令人不敢想象的是，他居然真的去了那位一直等待他的美女那里，也许他认为这样能让他呼吸一些新鲜空气，能让他感觉到自己能遨游于这城市之中，能看到些他从未看到过的东西。"

而所有的一切，都是因为郁金妮的喋喋不休造成的。原本，她是全法国容颜最美的女人，然而，她始终喋喋不休的这一毛病让爱情无法驻足，其实这一切都是她自找的，多么可怜又可悲的妇人！

在所有一切烈火中，能将爱情毁灭殆尽的，也是最致命的就是喋喋不休，它简直如同毒蛇的毒汁，不断侵蚀着人们的生命。

发现这一点的，还有托尔斯泰伯爵夫人，但是可惜的是，当她发现的时候已经为时已晚。在她离开这个世界以前，她把女儿们叫到床边，然后向她们承认："我必须要跟你们说，你们父亲的死，是因为我的缘故。"女儿们都失声痛哭，她们知道母亲说的是实话，她们父亲的死，就是因为母亲的不断抱怨和喋喋不休的批评造成的。

其实，托尔斯泰伯爵及其夫人是有着享受快乐的优越条件的，托尔斯泰曾写过巨著《安娜·卡列尼娜》和《战争与和平》，这足以使他永垂文学史册。托尔斯泰伯爵是个很有名望的人，他有大批的追随者，他们甚至终日跟在其身后，把他所说的每句话都记下来，就连"我想我要睡了"这样的话也不放过。除了荣誉外，他还有财产，还有孩子，大概没有谁的婚姻比他们更美满的了。刚开始，他们很幸福。他们也曾一起祈祷，希望万能的上帝让他们一直享受这样的幸福。

后来，因托尔斯泰自身的大转变，一切也都变了。托尔斯泰逐渐觉得曾经他所撰写的那些巨著令他感到羞耻。然后，他专心创作那些小册子，以此来宣传和平、消灭战争和贫穷，他还坦言自己在年轻的时候犯过不少让人无法饶恕的错误，他说自己是个罪人，为了减轻自己的罪恶感，他竟然将自己拥有的财产和地产分给了那些穷苦的人，而自己却过着贫苦的生活。他自己种田、砍柴，自己做鞋，自己打扫，用木碗吃饭，并且尽力地爱着他的仇敌。

有人说，托尔斯泰的一生就是个悲剧，悲剧的原因是他和他的妻子的生活观念背道而驰：他喜欢简朴，他的妻子则喜欢生活奢侈、喜欢名誉和人们的赞誉，但这在托尔斯泰看来毫无意义；她喜爱金钱，但他却视金钱如粪土。他们在一起的很多年里，她一直责怪和抱怨甚至是叫骂，因为托尔斯泰坚持不收取任何书籍出版费，而她则要那些书产生金钱。一旦他说不，她就又吵又闹，还会在地上打滚，更不可思议的是，为了威胁丈夫，她还拿一瓶鸦片放在嘴边，声称自己要自杀。

在他们的一生中，曾发生过一幕情景，让我们外人都为之动容。在他们刚开始结婚的那些日子里，他们非常快乐；但随后的48年里，托尔斯泰已经无法忍受妻子的行为了，他甚至不想见到她。有时候，这位已经逐渐年迈体衰的妻子会跪在他面前，希望他能再为她读那些昔日在日记里写下的有关她有多艳美的爱情之语。当读到那些已经从他们生命里消逝的时光有多美妙时，他们都哭了。而如今，一切都已改变。

到最后，已经82岁的托尔斯泰实在不能忍受他的妻子了。于是，就在1910年10月的一个雪夜，他从家里逃了出来——他实在不想看见他的妻子，他在街上毫无目的地游荡着，终于在11天后，他因为肺病发作而死在了一个车站，在临死前，他的请求就是希望这个女人永远不要到他的面前。这也许就是托尔斯泰夫人因喋喋不休而付出的惨痛代价。

也许你会说，如果他确实有让她很不满的事情可以喋喋不休呢？也许我们确实能承认这一点，但为什么又不反过来想想——唠叨能给她带来什么好处呢？托尔斯泰夫人后来也评价自己说："我想我那时候真是神经病。"

有位律师叫海勃格，他在纽约家事法庭任职了11年，他曾查阅过大量的离婚案件，他找到了很多家庭中男人选择离开的一个重要原因，就像波士顿邮报上所说的："很多做妻子的，她们不断地一点一点挖掘，最终将自己送进了婚姻的坟墓。"

所以，如果你希望自己能保持婚姻和家庭生活的快乐，必须要记住第一项原则：切勿喋喋不休！

与爱人交往，永远不要试图改造他

英国伟大的政治家狄斯瑞利曾经关于婚姻说过这样一句话："我必须要承认，在我的一生中，犯过很多的错误，但我永远在打算为爱情而结婚。"的确，在他35岁以前，他没有结过婚，后来，他向一位比他大15岁的寡妇——恩玛丽求婚，其实你不难猜到他的目的是什么，他是为了钱。他们之间不存在爱情。而她也不笨，她明白他并不爱她，只是为了她的金钱，但她也没有拒绝他，而只是提出了一个要求：请他给彼此一年的时间，让她来研究他的品格。很快，一年的时间到了，他们结婚了。

这好像是个听起来让人觉得滑稽可笑的故事，本身也自相矛盾，狄斯瑞利的婚姻与其他人的婚姻模式不同，甚至是玷污了人类关于婚姻的美好愿望。然而，他的婚姻却也是最有生气的。他所选择的寡妇是个既不年轻、也不漂亮，更不聪明的女人，她常常在说话时闹出笑话，因为她会弄错文字和历史知识的运用。比如，她好像永远弄不清楚希腊人和罗马人谁更早出现。她在服饰上的品位奇怪，对室内装饰的品位也相当奇怪，但至少在某个方面，她是个无人企及的天才——和男人相处的艺术。

她并没有在狄斯瑞利面前表现自己所谓的"聪明才智"，更没有与之对抗。经常，当狄斯瑞利与那些尖酸刻薄的公爵夫人们斗智斗勇、满心疲惫地回到家时，恩玛丽的轻松闲谈让他的疲倦一扫而空，他觉得一旦回到家就能感受到安宁和温暖。他与自己的年长妻子在一起生活的日子，是他一生中最快乐的时光。她就像他的灵魂伴侣、他的顾问和亲信。每天晚上，当他回来后，他都迫不及待地将白天自己遇到的新鲜事告诉妻子，当然，最重要的是，他能从妻子那里获得自信——无论何时，恩玛丽都相信自己的丈夫一定会成功。

30年来，恩玛丽总是为狄斯瑞利而生活，她不吝啬自己的财产，因为那会使狄斯瑞利的生活更安逸些。狄斯瑞利经常说恩玛丽是他的女英雄，在恩玛丽死后，狄斯瑞利才成为伯爵，而在他还是一个平民时，他就多次劝说维多利亚女王擢升恩玛丽为贵族。所以，1868年，恩玛丽被封为毕根菲尔特女爵。

在他们相处的几十年里，在公共场合下，无论恩玛丽表现出多么没有思想，或者闹出什么样的笑话，狄斯瑞利都不会指责和嘲笑她，相反，假如有人敢欺负或者嘲笑她，他会马上站出来保护她。恩玛丽并不是一个完美的女人，但那几十年里，她总是不厌其烦地在公共场合赞美自己的丈夫，结果呢？狄斯瑞利的感受是："我们结婚30年，我从未对她感觉到厌倦。"

恩玛丽经常会习惯性地告诉她的朋友："谢谢他的恩爱，这30年我们一直很快乐。"在这对恩爱的夫妻间，曾经有一段有趣的对话。

狄斯瑞利："无论怎样，你知道的，我是为了你的钱才跟你结婚的。"

恩玛丽笑着回答说:"是啊,不过如果你再选择一次的话,你就会因为爱情而喜欢我了,不是吗?"

"当然……"狄斯瑞利说。

正如詹姆士告诉我们的那样:"与人交往,要学习的第一件事就是不要干涉他们自己获得快乐的特殊方法,如果那些方法与我们不相冲突的话。"所以,如果你希望你的家庭生活快乐的话,请记住:不要试图改造你的爱人。

向你的爱人表达你的欣赏

大部分男人在寻找和选择自己的配偶时,并不会想寻找一个像精明能干的高级职员一样的人,而是想寻找一个能对自己产生诱惑力、能满足他们的虚荣心,并且能使他们感到优越的人。

如果一个女办公室主任被某男性邀请一起共进午餐,而她总是谈及大学时代她所感兴趣的哲学问题,并坚持自付餐费,那么,这次吃饭的结果只能是,从此以后她只能独自用餐了。

洛杉矶家庭关系研究主任鲍勃诺说:"相反,即便是刚来的、一个从未上过大学的女打字员,在应邀吃午餐的时候,若能用温柔的眼神注意她的男伴,并用仰慕的态度说:'请再为我讲讲那些有关你的事吧。' 那么,最后的结果可能是,他也许会向其他人这样评价这位女打字员:'她虽然不是十分美丽,但她却是我遇到的最会说话的女人了。'"

男性对于女性追求美丽的心态以及她们为此而做的努力应表示赞赏。可能很少有男人注意到,他们身边的女性是如何注重自己的衣着的。比如,一对男女在街上遇到另外的一对男女,这个女子很少看那个男子,而是会留意甚至时不时地回头看看另外那个女子的穿着。

卡耐基曾经讲过他祖母的故事。就在她去世之前不久,她的孩子们围在她的身边,将一张她自己在30年前拍摄的相片拿给她看,她的双眼昏花,已经看不清楚照片,但却问了一个问题:"那个时候我穿的什么衣服?"这也是她唯一的问题。我们可以想象一下,一位98岁的老太太,在她即将离开这个世界前,已经卧床不起、记忆力衰竭得连自己的亲人都不认识了,但还是会在意自己在30年前穿的是什么衣服!

对于很多男人来讲,如果你问他在五年前穿的什么衣服、什么衬衫、什么外套,也许他根本就不会记起来,但女人则不同。在法国的上流社会,男子们都要接受一种训练——赞美女人的衣帽,而且一晚不止一次。在这个问题上,五千万的法国人是不会错的。

在卡耐基的简报中有一则小故事,虽然看起来并不属实,但至少让我们明白了一个真理。

有一位农村妇女,当她劳累了一天后,将一捆草放到她的丈夫面前。还没吃晚饭的丈夫很生气地问她是不是发疯了,她做了这样的回答:"啊,我怎么知道你注意了,我为你做了二十多年的饭,在那么久的日子里,我还从未听过一次你说你吃的不是草呢!"

在莫斯科与圣彼得堡,那些生活富裕的贵族们在这一方面也有很好的礼貌,当地流行一种风俗,当他们在享用完丰盛的佳肴时,一定会将厨师叫到跟前,并对他们赞赏一番。

同样,作为男性,为什么你不能体恤一下你的妻子呢?下次当她做了一道很嫩的鸡时,你要告诉她,让她知道你很欣赏她的厨艺,就好像前面小故事中那位女主人公所说的那样,你要让妻子知道"你不是在吃草",或者像格恩常说的:"好好地称赞一下这位小妇人。"因为她们都喜欢被人赞美。

当你正要这样向你的爱人表达时,不要害怕让她知道这一点——她在你的快乐中占有大的比重。正如我们前面说的,英国政治家狄斯瑞利就从不羞于让别人知道他从他的小妇人那里"沾光"多少。

欧诺·埃第康德在访问中曾说过:"我沾光于我夫人多过从世界上任何人那里获得的益处。在我的孩提时代,我们是最好的朋友,她一直鼓励我勇往直前。我们结婚后,她为我节省每一块钱,然后进行再投资,我的整个家当都是她存储起来的。我们有五个可爱的孩子,她一直在为这个大家庭付出,如果说我是个有所成就的人,那么,所有的功劳都应归于她。"

所以,现在,我想你应该明白了,如果你想保持家庭生活的快乐,就要记住:给予对方真诚的赞赏。

婚姻中的分歧大多来自小事

在女人们眼里,生日、纪念日都十分重要,可能男人们会对此感到奇怪:这是为什么呢?这大概是女性的秘密。

总结起来看,婚姻其实就是一连串的琐事。不肯承认或者忽视这些小事的存在,就容易引发婚姻中的问题。

自古以来,人们在爱情中传递爱意的一种方式就是送花,因为花是爱情的语言,尤其是在鲜花盛开的季节,更不需要你花费多少钱。但男人们可以想想,作为丈夫的你,上次带花回家是什么时候?也许你认为它太珍贵,贵如兰花,稀如鼠菊,盛开于阿尔卑斯山云霄的绝壁之上。可是为什么要等到你的爱人躺在了医院的病床上才想起来送她几朵花?为什么不在下班的时候就顺便买几朵玫瑰花回家?不信你试试看,或许情况完全不同。

高恩是百老汇的大忙人,但他有个多年的习惯——每天下班后会给他的母亲打个电话,一直到他的母亲去世。

其实和你想象的并不同,他每天对母亲说的话并不是那些新奇的故事。生活毕竟是平淡的。但对别人小小的关注是给对方传递一种信息:你正在思念她,你希望她获得快乐、幸福,她的感受对你来说极为重要。

男人都是糊涂的动物,但你能糊涂一生,几个重要的日期却不能不记得:妻子的生日、结婚的年份和具体的时间。

其实,我们发现,在那些婚姻破裂的家庭中,并非所有夫妻都是因为一些大事而产生分歧。相反,大多数都是因为一些小小的事情。赛巴斯是芝加哥的一位法官,他接触过4万宗婚姻案件,其中有2000对夫妇接受过他的调解,他说:"那些琐碎的事情才是婚姻产生问题的根源,假如妻子去上班之前能对丈夫招手说再会,就能避免很多离婚案件的发生。"

在有关婚姻的记载中,勃朗宁与其夫人之间的故事大概是最可歌可叹的了。即使再忙,他也不会忘记恭维他的夫人以及保持对她的注意,以此来保持爱情的活力。当他的妻子生病时,他极为关心,时刻照顾妻子。因此,他的妻子在给妹妹的信件中这样写道:"现在让我觉得十分奇怪的是,我到底算不算是现实生活中的天使呢?"

现在,你可以拿出一把剪刀,把下面这段话剪下来,然后贴在你的镜子上,这样,每天你在洗脸时都能看见。

人生没有回头路,所以,你能做的任何对别人好或者仁慈的事,现在就做吧,不要拖延,也不要忽视了,因为你真的不能走回头路。

所以，如果你希望你的家庭和睦幸福，你需要记住：注重生活中的小事。

参考文献

[1]文轩.人际关系学全集[M].石家庄：花山文艺出版社，2016.

[2]戴尔·卡耐基.卡耐基社交艺术与处世智慧[M].苏州：古吴轩出版社，2016.

[3]戴尔·卡耐基.卡耐基魅力口才与社交艺术[M].北京：中国商业出版社，2018.

[4]戴尔·卡耐基.卡耐基沟通艺术与人际关系[M].刘祐，译.天津：天津社会科学院出版社，2013.